LARGE PRINT
WORDSEARCH

LARGE PRINT
WORDSEARCH

EASY-TO-READ PUZZLES

SIRIUS

SIRIUS

This edition published in 2024 by Sirius Publishing, a division of
Arcturus Publishing Limited,
26/27 Bickels Yard, 151–153 Bermondsey Street,
London SE1 3HA

Copyright © Arcturus Holdings Limited
Puzzles by Puzzle Press

ISBN: 978-1-3988-4206-9
AD011461NT

Printed in China

1

GOOD

T	T	T	R	Y	H	T	L	A	E	H	E	G	G	T
E	A	W	O	N	D	E	R	F	U	L	N	F	N	E
R	E	R	I	S	U	O	R	O	G	I	V	A	I	M
R	R	C	R	S	J	J	A	D	S	C	S	B	Y	B
I	G	R	E	U	V	Y	D	A	B	A	U	R	F	T
F	N	A	P	I	O	Z	E	F	E	T	O	I	S	N
I	I	C	U	T	B	L	A	L	O	T	I	L	I	E
C	H	K	S	A	P	B	P	L	C	C	C	L	T	L
B	S	I	Y	B	U	B	E	A	F	J	A	I	A	L
R	A	N	V	L	J	R	F	M	S	L	R	A	S	E
E	M	G	O	E	A	S	D	F	L	S	G	N	Q	C
P	S	U	S	B	I	A	D	E	Q	U	A	T	E	X
U	S	F	L	T	D	E	P	E	N	D	A	B	L	E
S	H	E	A	U	R	E	L	I	A	B	L	E	L	B
T	Q	S	V	E	C	I	T	S	A	T	N	A	F	E

ADEQUATE

BRILLIANT

CRACKING

DEPENDABLE

EXCELLENT

FABULOUS

FANTASTIC

GRACIOUS

GREAT

HEALTHY

PASSABLE

PLEASANT

PLEASING

RELIABLE

SATISFACTORY

SATISFYING

SMASHING

SUITABLE

SUPERB

SUPERIOR

TERRIFIC

TOLERABLE

VIGOROUS

WONDERFUL

FLOWERS

COWSLIP

FREESIA

FUCHSIA

HYACINTH

IRIS

JASMINE

JONQUIL

LILAC

LILY

LUPIN

MIMOSA

NARCISSUS

OXLIP

PETUNIA

PHLOX

```
A D U G L F E R I Y F K O H H
P I L X O N Y R J L R J L C Y
A V F H I F K T F I E W O S A
G I S M P H L O X L E W N T C
S D S E R Y T A P W S H M A I
A A P H E V N I R L I T L T N
J D E Q C T L R I A A H O I T
W B G P H U L P I K V N S C H
D B N I T F F N D S O I K E K
S K U P B E U H M L R P N M U
A M U O A T E L O I V U I M Q
L T H P E G H W B L M L P P S
V B H P D B M Z S E A O E B G
I K Z Y T B N A R C I S S U S
A D P J O N Q U I L L I L A C
```

PINK

POPPY

SALVIA

STATICE

STOCK

SWEET PEA

TULIP

VIOLET

XANTHIUM

3

FRIENDLY WORDS

ACQUAINTANCE

ADVOCATE

ALLY

ALTER EGO

AMIGO

BEDFELLOW

BROTHER

BUDDY

CHAMPION

CHUM

COHORT

COMPATRIOT

COMPEER

COMRADE

CRONY

FAMILIAR

HELPMATE

INTIMATE

LOVER

PARTISAN

PARTNER

SIDEKICK

SISTER

WELL-WISHER

```
K D A R E H S I W L L E W O N
C M U H C L B E D F E L L O W
I N T I M A T E A V E O V W C
K R P H E L P M A T E G X O I
E C N A T N I A U Q C A M R G
D E L K R G O T X D H P X E X
I D L G O T B Z M E A R F N A
S A V C R L I J H T M E A T D
S R F R V B Z S R B P H M R V
I M P O T W U I A S I T I A O
S O R N G R O D L N O O L P C
T C A Y C T O E D O N R I M A
E K L I J X A H J Y V B A B T
R A L T E R E G O N J E R E E
H O Y R E E P M O C Z G R B K
```

CHRISTMAS

ANGEL

APPLES

BELLS

CASPAR

CHEER

FRANKINCENSE

GABRIEL

GAMES

GIFTS

GOOSE

HALO

HAPPY

ICICLE

ICING

JESUS

KINGS

MAGIC

MIDNIGHT MASS

NOEL

PINE

PRESENT

RUM PUNCH

SLEIGH

WRAPPING PAPER

```
L E I R B A G L I Z P D S C S
M K C P T K I N G S G Q H T E
I G Q J I O M W P L G E F N D
D W C A J N Q R S V E I R S I
N D W O E G E A U R G G A E N
I R L Y S O S P Y M L H N M E
G A S B U T S P L E P R K A H
H M R E S L P I O P Y U I G S
T F P U L A H N S J I H N I R
M V C E H P G G W F C G C C U
A F B J M O P P L A I I E I H
S P N H O G F A S Q C E N N Z
S U X S Q H K P Q N L L S G U
Y B E Z R A A E T N E S E R P
Z H A O N R G R B S E N S J J
```

HAPPY

BLITHE

BUOYANT

CONTENT

DELIGHTED

ECSTATIC

ELATED

EUPHORIC

GLAD

JOCUND

JOLLY

JOVIAL

JOYFUL

LAUGHING

LIVELY

LUCKY

MERRY

PERKY

PLEASED

RADIANT

SMILING

SUNNY

THRILLED

UNTROUBLED

UPBEAT

```
E E D J C I T A T S C E E D D
C S Q X N E D A Y G Z A T A E
X U W E J N E I K K P Y T L L
Y N N U M U N Z L R B E G B
L N M C B A P G C U U E O E U
L Y O X J U H L N U R C P L O
O J P P Y Y O U E I P Y K L R
J M P D I K R Y E A L B O Y T
O O R N E D I P A E S I E Q N
V S Y A Z L C M V N T E M A U
I I C F D E L I G H T E D S T
A A F N U I L I C O N T E N T
L W L A Q L A Y R D E T A L E
N S M E R R Y N E H T I L B E
G N I H G U A L T M T N A B E
```

NUTS AND SEEDS

ALMOND

ANISE

ANNATTO

BETEL

BRAZIL

CARDAMOM

CASHEW

CELERY

COBNUT

COCONUT

CORIANDER

CUMIN

DILL

FENNEL

FLAX

```
X R A B J F X T P A A P Y Q J
S C K M E A O T U N O C O C P
U E A N L P H O W N Y X B E S
N L N F W E H S A C L E Y L G
F E I P L A K V A S T E R I S
L R S T U N B O C E C X Z Z K
O Y E X D U I K L O A H D A F
W A N N A T T O R F L J B R H
E B S C N I N I K P M U P B L
R N Z M L M A Q U I O J D N L
M E B T U N E N I P N Q I C I
M C A R D A M O M Q D M I L D
S I U E R N A C E P U J A C C
F J R H E B K H I C K O R Y C
Y P P O P I S T A C H I O S H
```

HAZELNUT

HICKORY

PEANUT

PECAN

PINE NUT

PISTACHIO

POPPY

PUMPKIN

SUNFLOWER

7

AALBORG

BERKELEY

BREMEN

BRUNEL

CORNELL

DUBLIN

EDINBURGH

FERRARA

GENEVA

HARVARD

HEIDELBERG

LILLE

PADUA

PAIS VASCO

PORTO

PRINCETON

SORBONNE

STANFORD

TORONTO

UTRECHT

VALENCIA

YALE

ZARAGOZA

ZURICH

```
Y T I Y C G Y E L E K R E B A
H A R V A R D N H N C N H F A
I O E P D E C P F L N O E R W
H C L T R X B V O O B R I E J
O S L H O I X R B R R U D H X
E A I C F C N R E A T I E C A
C V L E N L O C R M N O L I Z
A S F R A S O A E B E D B R O
A I Z T T E V T U T N N E U G
L A C U S E Q R N I O B R Z A
B P O N N B G K L O R N G N R
O S A E E H O B V U R M N N A
R I G D V L U K N N Q O G M Z
G G H A U D A E Q F A W T N P
E L A Y Q A L V L L E N R O C
```

RHYMING WORDS

BRAIN DRAIN

COOKBOOK

DEADHEAD

DREAM TEAM

FLOWER POWER

FREEBIE

HI-FI

HOTSHOT

HUMDRUM

JET SET

KIWI

KOWTOW

LOGO

MAYDAY

OBOE

PICNIC

POLO

REDHEAD

SLEEPY

SOLO

TEPEE

TO-DO

TORPOR

ZULU

```
G O O D O O B O V J B F M H D
T E S T A R G L M J E T S E T
N E S E C E W O A Y V G A V O
C R O R Z O O S E P U D N F O
I U E B T G H E T E H G I E D
N A S W O E U O M E E D A I A
C U O L O O M Z A L B E R B T
I K U D H P D D E S O Y D E E
P E O L N A R T R S N A N E T
F T A O U V U E D A E D I R O
L R O R B Z M P W H I Y A F H
E H T R L K K E D O I A R P S
E V E P P I O E V F L M B O T
H I L A W O R O I I E F N L O
B A N I A E R H C E S T S O H
```

BRIGHT

CERTAIN

CLARIFIED

CLEAN

CLOUDLESS

CRYSTAL

DISTINCT

EVIDENT

FAIR

FILTERED

```
F  J  D  I  D  S  H  A  R  P  S  M  T  P  N
L  A  T  N  E  T  A  P  T  L  S  N  P  L  Z
R  S  I  K  X  N  I  A  T  R  E  C  G  A  J
C  J  H  R  I  V  O  V  I  D  L  J  T  I  B
D  L  D  E  M  L  U  C  I  D  D  W  H  N  N
X  T  E  C  N  X  E  V  C  C  U  Q  G  P  E
B  I  C  A  U  P  E  L  R  S  O  S  I  O  T
T  R  P  N  N  A  Y  B  T  L  U  L  S  A  A
H  E  R  L  I  R  S  B  M  I  C  O  D  I  L
G  F  Z  H  I  T  P  E  M  I  S  N  S  T  U
I  I  D  F  A  Y  S  P  B  G  O  I  G  I  C
R  N  I  L  E  E  I  I  A  Q  K  M  V  V  A
B  E  R  C  U  D  T  F  D  O  P  U  R  E  M
D  D  T  Z  Q  S  D  E  R  E  T  L  I  F  M
L  O  G  T  N  E  C  U  L  S  N  A  R  T  I
```

IMMACULATE

LIGHT

LIMPID

LUCID

LUMINOUS

PATENT

PLAIN

POSITIVE

PURE

REFINED

SHARP

TRANSLUCENT

UNMIXED

VISIBLE

CRUISING

AEGEAN

ATLANTIC

BALCONY

BALLROOM

CABARET

CABIN

CAPTAIN

DANCING

DECK CHAIR

FIRST MATE

```
E H X B F F O D N E S E W R Y
J M N I B A C P C F L M O C A
M O H E H Z P A I I D T R C D
E O N H F O B R N H A J I U I
D R F C Y A S B E G S F A E L
I L Y L R T A O I F I T H R O
T L W E M L Z V C C S Y C G H
E A T A C A A S A E G U K N O
R B T O A N S P R W A D C I S
R E N W Q T A M N E R N E C P
A Y S I N I A T P A C N D N I
N O K R I C R T W U E I Y A T
E P V Q U V S E V A W G F D A
A P L K F P T O J T U Y E F L
N V H A A S K C I S A E S A O
```

HOLIDAY

HOSPITAL

MEDITERRANEAN

NAVIGATOR

NILE

OCEAN

OFFICERS

PACIFIC

PURSER

SEASICK

SEND-OFF

SHIP

STEWARD

WAVES

FRUITS AND NUTS

APRICOT

CHERRY

COCONUT

DATE

FIG

HAZELNUT

KIWI

LEMON

LIME

MANGO

MELON

MULBERRY

NUTMEG

ORANGE

PAPAYA

O	M	D	Z	F	K	E	C	Z	X	N	D	H	Y	K
A	T	K	V	N	I	D	M	U	L	B	E	R	R	Y
A	T	I	A	A	W	A	L	I	C	N	R	C	D	H
Y	Z	C	U	D	I	T	A	O	L	E	U	E	N	A
A	E	L	V	R	S	E	C	P	B	Q	Y	D	I	Z
P	S	E	J	B	F	O	A	P	R	U	A	T	R	E
A	B	M	N	V	N	N	S	C	F	I	U	B	A	L
P	I	O	T	U	C	A	O	S	Y	N	C	F	M	N
K	N	N	T	H	R	Q	R	I	A	C	I	O	A	U
O	N	U	E	U	H	P	P	E	S	E	M	Q	T	T
Y	G	R	T	K	C	S	P	N	K	S	Q	W	N	U
G	R	N	J	M	A	I	O	O	O	R	A	N	G	E
Y	D	P	A	F	E	X	H	L	F	S	O	P	N	A
Q	S	A	I	M	P	G	X	E	W	R	A	E	P	J
N	W	G	K	J	E	W	A	M	E	Z	S	Y	E	Y

MELON	PASSION FRUIT	PRUNE
MULBERRY	PEACH	QUINCE
NUTMEG	PEANUT	RASPBERRY
ORANGE	PEAR	TAMARIND
PAPAYA	PECAN	

ISLANDS OF BRITAIN

ARRAN

BARDSEY

BRYHER

CANNA

CANVEY

FOULNESS

FURZEY

GUERNSEY

JURA

LINDISFARNE

```
G R Y K I P A V Y O D W P T E
M E E G U E R N S E Y W O H N
P H Z X A Q U G O G N Y E I R
W Y R Y H A J I Z A T J H I A
C R U B N U K P R N F T N E F
A B F N K O R R Q T A V Y R S
N Y A U C N A E S R E M E O I
V C H S S R S H D B Y S H M D
E S E E R I T S Y R A M T S N
Y R T A S Y V Z N N U X R I I
T H S K O M E R D A P U O L L
P X Y L I S T A G N E S N U U
S E F O U L N E S S X B Q N S
B F L B A R D S E Y D H Q D C
U A W Z A I H A C T W D K Y Q
```

LISMORE	SANDA	ST KILDA
LUNDY	SARK	ST MARY'S
MERSEA	SKOMER	TIREE
NORTHEY	SKYE	TRESCO
RATHIN	ST AGNES	

THINGS THAT ARE MEASURED

ANGLE

AREA

BULK

CURRENT

DISTANCE

HEAT

HEIGHT

INTENSITY

MASS

POTENTIAL

PULSE

QUALITY

SCALE

SIZE

SOUND

SPAN

SPEED

TEMPERATURE

TIDES

TIME

VELOCITY

WEIGHT

WIDTH

WORK

```
E G E L A C S J K S S U U S Y
E L G N A P R W R A P A Y O F
F C Y E C I I A X X H E M U T
I T N A M D T A B H S R E N N
Y D H A T H M N Z N S A T D E
T X K H T H G I E W A E R M R
I Z L S C S O X S T M P I Y R
S S W W L R I N S P O T S T U
N F E X L H M D E B O P W I C
E D F D S O I R I N U P E C H
T S Y T I L A U Q J Z L R O P
N R L L Q T T U L E B K K L K
I V K U U P A C B D Z U X E R
J Y S R P N E G K U W I V V O
F L E V A T H G I E H U S K W
```

RESULTS

AFTERMATH

ANSWER

CULMINATION

EFFECT

ENDING

FINISH

FRUIT

GRADE

ISSUE

OFFSHOOT

OUTCOME

PAY-OFF

PRODUCT

RAMIFICATION

REACTION

REPERCUSSION

RESPONSE

SCORE

SEQUENCE

SOLUTION

SPIN-OFF

UPSHOT

VERDICT

WIND-UP

```
T I U R F E O E C N E U Q E S
U M T O O H S F F O R Z S B E
K F I N I S H G W I O E P R M
G N I D N E P I E T C T I W O
E O A O L A N E U A S I N N C
P I P R O D U C T C W U O I T
E S O N U V E R D I C T F R U
P S Z P O R E S Y F J W F O O
A U N N O I T A N I M L U C E
Y C P O A F T E R M A T H S F
O R N S P N U U E A V E T S F
F E S W H S P Y L R G R A D E
F P H B S O E R D O H V E R C
I E Q I Y L T R Y E S U S E T
E R E W S N A R E A C T I O N
```

THINGS WE LOVE

CAKES

CANDY

CAROLS

CHAMPAGNE

DANCING

DUCKLINGS

FIREWORKS

FLOWERS

FRIED ONIONS

GRANNY

HORSES

INCENSE

JELLY

LEMONADE

MUSIC

```
F E A V J E F P S S D I E E Z
A R F F S U Q L L O T U D S C
F R I E D O N I O N S M I N I
A Y R T E O P F R W R O S E S
T X E N S K A E A B E T A C U
E D W O J E C L C D N R E N M
I T O S S X K K U E H N S I M
E X R M I I A C R F G E R S G
D H K J N D K A X A R G T E R
A O S G G L P A P I J O U K A
N R B N I B P M F L R E L A N
O S S N N D A N C I N G L C N
M E G S G H E P E Q L B T L Y
E S C C C P Q S L J C A N D Y
L L V R O F F G N A C P A V L
```

OPEN FIRES

PARENTS

POETRY

ROSES

SEAFOOD

SEASIDE

SINGING

STORIES

WALKING

END INSIDE

ADDENDA

AGENDA

AMENDED

BENDING

CONTENDERS

CRESCENDO

DEFENDS

DENDRITE

DEPENDENT

EXPENDABLE

FENDER

GENDARME

GENDER

HORNBLENDE

LEGENDARY

MENDER

PRETENDER

REFERENDUM

RENDER

SENDING

SLENDER

TRENDY

VENDETTA

VENDOR

```
D N S S D N E F E D E N D A Y
N N R C R E F E R E N D U M D
B D E P E N D E N T A A D E N
A E D T R E D N E T E R P N E
A E N O I N E N T T R E N D Y
G D E D E R E E L E N D S E M
R N T M I A D N E G A H L D A
O E N R R N C N N D B B E N D
S L O C E A G I E E A F G S V
L B C V A D D E N D A E E G E
E N D A N N N N N E D N N E N
N R N S E E V E E A W D D N D
D O E S U N P S R G E E A D O
E H Y T T X G E N E N R R E R
R O D N E C S E R C D R Y R E
```

WORDS ENDING AL

BILINGUAL

CABAL

CHORAL

FRUGAL

GLACIAL

HYMNAL

IMMORAL

IMPARTIAL

INTELLECTUAL

LEGAL

LOYAL

LYRICAL

MARITAL

MUTUAL

NORMAL

```
L A R B I L I N G U A L L C B
A L G A L I A L I L L A A I Y
C A G L L D P Y A R G D C N I
E G X A A O O K O U W E R T M
A E D U R E B G R L H P U E M
L L Y T O L B F A L I O U L O
K L A U H U A I N A M T L L R
E L R M C L C T B C S E A E A
L A I T R A P M I I I A C C L
R A P S L O A L Z R C L C T H
L A N G I S N E L Y A G A U E
F A M M S C A B A L L M E A A
A L E S Y L A L C B A L D L A
L A N E R H C A O P T I C A L
P U R S U A L L V P H I R A L
```

OPTICAL

PEDAL

PORTAL

PURSUAL

RENAL

SIGNAL

VOCAL

WHIMSICAL

ZEAL

GROWING

AUGMENTING

BOOMING

BUDDING

BULGING

CLIMBING

DEEPENING

ELONGATING

FILLING OUT

INCREASING

LENGTHENING

```
D G G N I Y L P I T L U M Y S
D N G N I T A R E F I L O R P
B I A F F G D N I Z C M T G R
U G W T D W N L O L A S H N I
D L L I A G L I I S H N R I N
D U G X D I N M S O A R I N G
I B I N N E B I O I W A V E I
N N B G I I N T T N R I I P N
G Z O F N G I I X A Z S N E G
D U O G N N R K N P G I G E U
T X M C G K T U D G G N U D P
S I I N C R E A S I N G O Q X
L E N G T H E N I N G F O L C
A U G M E N T I N G Z I Q Z E
M A T U R I N G N I L L E W S
```

MASSING

MATURING

MULTIPLYING

PROLIFERATING

RAISING

RISING

SHOOTING

SOARING

SPRINGING UP

SURGING

SWELLING

THRIVING

WAXING

WIDENING

NOT ON A DIET

BACON

BAGELS

BEER

BUNS

CAKES

CANDY

CARAMEL

CHEESE

CHIPS

CHOCOLATE

```
Y I C R E A N M O V Y L L E J
U Y M Y E O M E A T P I E S E
Y D N A C M A E R C B H L G R
Z N J A L C A H D U D S D A M
C P B G A A E Q N Z E U G S Z
A H E K S N S S K I F U W F R
R B E A G L P U R Y S O O E G
A S M A N C E F J E S E E H C
M P S T I U H G T Z L B O B G
E A R S R C T I A W L I A K W
L P L G N D P S P B O W U I H
F K C E O G E L W S R N N T A
D D R U I A P P L E Y E J A J
U F T K N Q E T A L O C O H C
H O T D O G S A D N F O M O Y
```

CREAM

FRENCH FRIES

FUDGE

HOT DOGS

JELLY

LASAGNE

MEAT PIES

ONION RINGS

PEANUTS

ROLLS

SALAMI

SUGAR

SYRUP

WINE

WORDS ENDING FISH

BATFISH

BLINDFISH

BLOWFISH

BOX-FISH

COWFISH

CRAWFISH

CRAYFISH

CUTTLEFISH

DOGFISH

FLATFISH

GARFISH

GRUFFISH

JEWFISH

KINGFISH

LIONFISH

LUNGFISH

MONKFISH

MUDFISH

OAFISH

OARFISH

SELFISH

STANDOFFISH

SUNFISH

SWORDFISH

```
H  F  S  L  I  O  N  F  I  S  H  W  H  H  H
S  X  H  U  A  H  H  S  I  F  H  E  S  S  N
I  K  S  F  N  O  A  R  F  I  S  H  I  I  Q
B  L  I  N  D  F  I  S  H  H  I  D  F  F  S
V  S  F  N  J  B  I  U  W  Z  F  O  T  B  T
H  C  G  Z  G  C  H  S  H  H  W  G  A  O  A
J  W  N  A  Q  F  U  S  H  S  O  F  B  X  N
E  B  U  E  R  D  I  T  I  I  C  I  F  F  D
W  E  L  D  U  F  B  S  T  F  O  S  I  I  O
F  Z  O  O  Y  T  I  X  H  L  K  H  S  S  F
I  C  R  A  W  F  I  S  H  E  E  N  H  H  F
S  G  R  U  F  F  I  S  H  S  S  F  O  F  I
H  C  J  R  H  S  I  F  D  U  M  S  I  M  S
S  W  O  R  D  F  I  S  H  H  S  I  F  S  H
X  F  L  A  T  F  I  S  H  F  I  S  H  E  H
```

SHAKESPEAREAN CHARACTERS

ALONSO

ANTIGONUS

ARIEL

BELCH

BRUTUS

CUPID

EDGAR

EGEUS

FERDINAND

FLUTE

HELENA

IAGO

JULIET

LENNOX

MACBETH

MIRANDA

NERISSA

OBERON

OSRICK

OSWALD

PUCK

ROMEO

SNARE

URSULA

```
P Z M L T A O E A L O N S O E
M I S P L C M S R I H W B A U
F N A U H E K I R A O R P H C
A P S G T S X M R I N E X F N
C R K U O U L A D A C S M Q Y
U W L B J E R C X R N K D O R
C F Z S Q G B B F O E D G A R
H K L P J E L E E J N C A S W
E C J C F F S T R S O N P W I
L U L U U D D H D L B B E H J
E P D E L P H N I Q E F G L T
N D Q A B I I J N E R I S S A
A G W P W Q E D A T O B R B F
N S U N O G I T N A N A K A W
O E H G A V C Q D X W J W Z Z
```

ASTEROIDS AND SATELLITES

ASTRAEA

CALLISTO

ENCELADUS

EROS

EUROPA

GALATEA

HELENE

HIMALIA

HYDRA

HYPERION

IAPETUS

JANUS

LARISSA

MIMAS

NAMAKA

NEREID

OBERON

PALLAS

PHOBOS

PHOEBE

PROTEUS

PUCK

RHEA

TRITON

```
W Y H Y H P I E N E L E H B A
Z X Y K T Y H S S A P O R U E
W P P I J K D O P G N P S J T
O U E M F Y N R B U H U T B A
T W R H B W O E A O T E O C L
S M I U C T E K E E S H S M A
I I O S E N A B P Z T X U A G
L M N U O M E A D W I H D E S
L A S T A K I S Y F I N A A M
A S I N H A P Q U M K C L R O
C R Q M L H N P A N E L E T K
T D I E R E N L R J A D C S K
I K C U P C I H H P K J N A X
J K R O Z A W C E N O R E B O
L A R I S S A M A Z J J R F U
```

CLASSICAL MUSICIANS

ASHKENAZY

BARBIROLLI

BEECHAM

BLISS

BRAIN

BREAM

CASALS

DU PRE

EPSTEIN

FLEISHER

GILBERT

GILELS

GOULD

GRAFFMAN

HARRINGTON

```
N S O L T I Y K S I A M B J W
E O G S N R E T S C I R U K I
G G I I L B F M C J A Q P D L
I X K W L A V R M I B V F N L
L E S R H B S B N A P L O I I
E P W Y E H E A E H H T I U A
L S O Z H H K C V G C Y S M M
S T K A P J S B T N N O E R S
X E O N P M A I I D A I U E Z
H I T E G C P R E F M S B L B
B N S K V O R O R L F T R D P
L R T H K A U L P K F R E E Q
U G P S H T V L U S A A A E Z
K A R A J A N I D Y R K M N N
E T N I H U N E M W G H R D G
```

KARAJAN

MAISKY

MENUHIN

NEEDLER

OISTRAKH

SOLTI

STERN

STOKOWSKI

WILLIAMS

SHORT WORDS

ABBREVIATED

ABRUPT

BLUNT

BRIEF

BRUSQUE

CLIPPED

COMPACT

CONCISE

CRISP

CURSORY

DEFICIENT

DIRECT

DISCOURTEOUS

GRUFF

IMPOLITE

LACONIC

PITHY

SCANTY

STRAIGHT

SUCCINCT

SUDDEN

TERSE

TO THE POINT

UNCIVIL

```
J T T O T N I O P E H T O T S
V N N V H J V O T Y U C D S L
D E L N T H G I A R T S A L A
B D D B A S L P T N U L B V B
R D I S C O U R T E O U S E B
I U H A P A L P C R T N B S R
E S N M Z A D S D A C C R R E
F T I M C Y Y I W T N I U E V
Y Q S O H R D R R X I V S T I
H D N T O E G C L E C I Q T A
A I I S P G C L J F C L U P T
C P R P C R M W F N U T E U E
F U I T C A P M O C S B H R D
C L D T N E I C I F E D Z B Z
C M X G R U F F H C M T F A W
```

NOVELISTS

ARCHER

BARRIE

BENNETT

BOWEN

BURROUGHS

CONRAD

COREY

CORNWELL

ELTON

HERBERT

```
M C I Y S K N O S N E V E T S
P S D W S A R T R O L L O P E
I R I V I D R Y T L Y E R O C
N F N E W O B U L E T R A M A
T N O T L E Y E S F N R O T E
E S F L O O W A G H S N X A Q
R H X F T N R W S T D E E J K
A G K Y R C L R E A E I K B S
U U B O H D A I A C L R E O T
V O C E Z M N T Y E A R C R F
H R R F P B J O C P A A E H E
N R X I E E J A S R F B E T D
X U D C O N R A D S R E Y A S
G B K W E R F J R E Q Q F H S
Y E J N E X M S H B P D Z G T
```

JOYCE

LE CARRE

MARSH

MARTEL

ONDAATJE

PINTER

RUSHDIE

SAYERS

SPARK

STEINBECK

STEVENSON

SWIFT

TROLLOPE

WOOLF

JAMES BOND - WOMEN

AKI

BAMBI

BONITA

DINK

FIONA VOLPE

HELGA BRANDT

JINX

KARA MILOVY

KISSY SUZUKI

LUPE LAMORA

MAGDA

MANUELA

MAY DAY

NANCY

NAOMI

NATALYA SIMONOVA

PAM BOUVIER

PARIS CARVER

PATRICIA FEARING

PEACEFUL

SEVERINE

SOLITAIRE

THUMPER

WAI LIN

```
F R E V R A C S I R A P X K G
I E S O L I T A I R E A A I N
O M N M A N U E L A L R I S I
N D P I X W Q X J R A O B S R
A C I O R K A G E M P M M Y A
V T A N K E J I I T P A A S E
O I I P K I V L L E A L B U F
L S R N N U O E A I S E I Z A
P A E X O V U C S Y N P N U I
E D P B Y B E T Q A F U A K C
Z G M X J F U J E D A L O I I
A A U Y U O A J O Y K W M A R
P M H L Y C N A N A I F I X T
N A T A L Y A S I M O N O V A
D W T D N A R B A G L E H H P
```

US STATES

ALABAMA

ALASKA

ARIZONA

COLORADO

CONNECTICUT

DELAWARE

GEORGIA

HAWAII

IDAHO

INDIANA

IOWA

KANSAS

MAINE

MONTANA

NEVADA

V	N	R	E	A	M	A	B	A	L	A	P	S	X	A
K	U	Q	G	F	G	G	M	U	D	E	A	Z	D	U
H	Q	N	I	M	E	F	V	L	N	S	X	A	T	M
G	W	O	O	O	B	I	Z	N	N	A	V	U	T	N
I	W	A	R	R	R	T	S	A	N	E	C	H	I	E
A	N	G	S	G	T	Y	K	O	N	I	J	S	A	W
E	I	D	I	H	L	H	Z	N	T	C	N	S	E	M
A	R	N	I	V	I	I	C	C	G	O	K	N	F	E
M	I	A	A	A	R	N	E	A	C	Z	I	F	W	X
A	W	N	W	A	N	N	G	S	R	A	U	A	M	I
O	I	T	A	A	N	A	I	T	M	O	L	T	I	C
A	W	E	H	O	L	W	S	F	O	A	L	D	A	O
O	C	X	C	U	H	E	P	J	S	N	A	I	H	H
A	N	A	T	N	O	M	D	K	Z	H	F	I	N	U
G	T	S	H	U	O	D	A	R	O	L	O	C	O	A

NEW MEXICO

NORTH CAROLINA

OHIO

PENNSYLVANIA

TEXAS

UTAH

VIRGINIA

WASHINGTON

WISCONSIN

HETERONYMS

ABSTRACT

ARTICULATE

ATTRIBUTE

CLOSE

DECREASE

DEFECT

DESERT

ESCORT

HOUSE

LEARNED

MINUTE

MOPED

NATAL

NUMBER

OBJECT

POLISH

REBEL

RECORD

REFUSE

REJECT

ROUTED

SEWER

TRANSFER

WOUND

```
N E W R E F S N A R T R P Q D
H E I W S T F U W T C E F E D
J S R E R I U M O E S C O R T
I U I V T F E B R K D O D O J
N F D L O A J E I R W R E U U
K E E O O E L R J R E D C T M
T R N T C P O U E E T J R E B
B C R T U A U E C R S T E D N
A B A N B N J R E I I C A C D
Y L E R C M I W J R T T S M T
R B L L T C E M T A L R E U H
E S U O H S L I O A B E A H R
B O O T E C B O T P A S R O H
E W O U N D S A S H E E A U F
L T A R S O N R P E A D U S T
```

HALLOWEEN

BATS

CHARMS

COSTUMES

COVEN

CURSES

DEVIL

EERIE

ENCHANTER

FROGS

GHOSTLY

GRAVEYARD

IMPS

INITIATE

MASKS

MYSTICAL

PARTIES

POTION

RITUALS

SABBAT

SATANIC

SPELLS

TOADS

TRICK OR TREAT

WITCHES

```
S T N X B N Y J C M J K M N E
E K H B S E K T Y U V T E N I
H J M O L A F S W Y R V U P T
C S A B P R T O O E O S E A C
T E S S O I C A T C Y T E E T
I I K G C X Y N N J A R D S R
W T S A W M A L R I T S E C U
Y R L V R H O R T R C Y V O B
M A V H C S P I O S F N I S S
P P J N P O N K S L O K L T S
X C E E T I C K E A H H A U M
O Q L I M I H T O U B B G M R
K L O P R S D A O T T B E E A
S N S T G E H Z V I K Y A S H
C P G R A V E Y A R D T A T C
```

WILD WEST USA

BOUNTY

CATTLE

DEPUTY

DOC HOLLIDAY

DRY GULCH

HOLSTER

HORSES

JESSE JAMES

LARIAT

LASSO

RANCH

RODEO

ROUND-UP

ROY BEAN

RUSTLER

SADDLE

SALOON

SHERIFF

SPURS

STEER

STETSON

TOMBSTONE

WANTED

WYOMING

```
I F A B R P L Y X T P F S W S
Y T Q A R X D R Y G U L C H T
P A N J L Q E S P U R S E O A
D C D O B L Q T T E W R N L I
H E C I T Y C E F P I Y O S R
O Q T S L A W E W F C J T T A
R V U N T L Q R F Y O E S E L
S R S T A N O O L A S S B R A
E X L A G W L H O C D S M O N
S E Z A D H P Y C S T E O Y O
R R O U N D U P T O S J T B S
B O U N T Y L T Q U D A H E T
H I D A H I I E G O P M L A E
R S M E E E L G H A V E K N T
G N I M O Y W H L P A S D R S
```

STORMY WEATHER

BLOWY

BREEZY

DELUGE

DOWNPOUR

DRIZZLE

GLOOMY

GUSTY

HAILSTORM

HEAVY

HURRICANE

INCLEMENT

MISTY

MONSOON

OPPRESSIVE

RAGING

ROUGH

SHOWERS

SQUALLY

TEMPESTUOUS

THUNDERY

TORNADO

TORRENT

TYPHOON

WINDY

```
X F H U M T Y R E D N U H T E
T E V I S S E R P P O B Y A B
N J A S G B H A I L S T O R M
E G K U L H L Y M N S O V A F
M N Y O Q U W V Z I D J U D T
E Q W U X R O A M G U S T Y O
L Y M T O R R E N T Y D P D W
C E O S U I U H N Q Y H A L Y
N M N E P C O D Q D O N P L S
I M S P R A P R N O R Q L G R
T Z O M V N N I N O O A N L E
M D O E S E W Z T I U I T O W
M K N T V H O Z B Q G C F O O
E G U L E D D L S A H B N M H
N O N J Y Z E E R B B Q X Y S
```

STARS

ACAMAR

ALTAIR

ANTARES

ATLAS

BELLATRIX

BETELGEUSE

DENEB

DIPHDA

ELECTRA

HADAR

KOCAB

MENKAR

MERAK

POLARIS

POLLUX

RIGEL

SADALMELIK

SCHEAT

SHAULA

SHEDIR

SPICA

TARAZED

THUBAN

VEGA

```
K N C K S P R W H D Z D Z I P
O Z Z A D E Z A R A T K N X O
C K V R D Q R G F A R I G E L
A S A E V E G A P O L L U X A
B N B M K J N X T K C E C M R
E L E C T R A E A N S M P F I
R G T H U B A N B A A L S H S
I D E O I J B W L R L A P E H
A P L A O R G T A Y S D I H A
T V G D T B A K S Y A A C Q D
L S E H R F N M H N I S A N A
A Q U P B E L L A T R I X X R
Q X S I M Q K K U C H T Y R J
S H E D I R Y M L M A N R Q U
Y L G E V N V V A S C H E A T
```

BIRTH DAY

ANTENATAL

BABY

BIRTH

DELIVERY

DOCTOR

FIRST CRY

FORCEPS

FULL-TERM

HEARTBEAT

INFANT

LAYETTE

MATERNITY

MIDWIFE

MONITOR

MOTHER

NEWBORN

NINE MONTHS

NURSING

PREGNANCY

PREMATURE

PUSHING

SCAN

SHAWL

WEIGHT

```
I L A T A N E T N A J G G D T
X J V S B P Z G N I H S U P N
B I R T H G M O T H E R C A A
S H T N O M E N I N Y Y Y A F
P R E G N A N C Y T K H M M N
V O Y Y P R E M A T U R E F I
N T R I T S R E X G R L U G T
A I E Y L I B B H G W L N F H
G N V S B T N V S A L R I E G
N O I R R A Z R H T O R D F I
I M L A Z R B S E B S E O I E
S P E C R O F R W T Q L C W W
R H D G L P M E C Y A A T D G
U K H L C W N R B D E M O I Y
N R E T T E Y A L D W L R M H
```

HAIRSTYLES

AFRO

BACK-COMBED

BOB

BOUFFANT

BRAID

BUN

COWLICK

CROP

CURLED

FRENCH PLEAT

FRIZETTE

MARCEL WAVE

MOHICAN

MULLET

PAGEBOY

```
M E R U S N O T E F Q J P D D
A P Z E Z V G T E G D I C E U
R I N G L E T S Q E O V L B N
C O C D K E D T E R G R Y M D
E O G T Z K E I F E U O A O E
L S K I N H E A D C C J T C R
W K R A I E D L B U G N F K C
A F R E N C H P L E A T F C U
V N P D B R A I D F P P I A T
E J B A P O E L F N I R U B N
F O P U G P R U U I G X Q G L
B L T E D E O B Y M T M K V H
B N M K R B B Y E V A E W E N
T E L L U M R O K C I L W O C
M N A C I H O M Y D L C Z G V
```

PERM

PIGTAIL

PLAIT

QUIFF

RINGLETS

SKINHEAD

TONSURE

UNDERCUT

WEAVE

MOTORING

CARRIAGEWAY

CHASSIS

CHOKE

CLUTCH

CORNER

CRASH

DEFROST

DIESEL

DRIVER

EXHAUST

GARAGE

GENERATOR

HANDBRAKE

HUBCAP

HYDRAULICS

JUNCTION

MIRROR

MOTOR

ROADS

SIGNAL

TRAFFIC

TURNING

VALVES

WHEELS

```
E K O H C H R N F I S K G U H
Y C R U C O S L U R E S A E U
A S O U R I Z A M V V I R K B
W D L R A F F C R R L S A R C
E C I W N M S F L C A S G B A
G M D H W E O I A U V A E H P
A L E E Y V R T G R T H J A T
I J F E U D S O O N T C T N U
R A R L S H R I A R A M H D R
R N O S A E A A H S E L E B N
A E S E R S T S U A H X E R I
C S T Y D I E S E L I L R A N
B A M A A H A R E V I R D K G
W N O I T C N U J A O C A E D
F R M G E N E R A T O R S E P
```

ANTONYMS

BETTER
WORSE

CALM
STORMY

DEEP
SHALLOW

FALSEHOOD
TRUTH

FASTER
SLOWER

FOOLISH
WISE

```
S  J  X  Z  Z  F  A  L  S  E  H  O  O  D  M
C  B  Y  I  G  V  Q  R  G  O  Q  B  A  L  M
I  S  M  K  C  U  G  Q  D  R  J  T  A  W  I
T  E  R  V  I  I  A  X  E  E  V  C  E  W  N
S  H  O  E  Q  Y  T  T  F  M  E  T  D  E  O
I  E  T  P  V  F  S  S  K  O  X  P  S  Z  R
M  I  S  A  E  A  S  S  I  B  O  I  E  P  N
I  H  E  L  F  H  Y  E  T  M  W  L  N  M  C
T  H  C  S  O  Q  D  R  M  E  I  T  I  X  Q
P  R  W  R  H  W  Y  S  I  O  N  S  A  S  W
O  E  T  O  U  A  E  E  M  G  L  N  S  L  H
L  T  A  A  R  I  L  R  A  R  H  S  C  E  L
B  T  N  F  X  S  H  L  J  M  E  T  Q  I  P
Q  E  F  M  G  E  E  Y  O  I  E  A  L  D  E
A  B  P  T  H  G  I  L  R  W  H  T  U  R  T
```

HEAVY
LIGHT

MAJOR
MINOR

OPTIMISTIC
PESSIMISTIC

LEFT
RIGHT

NOISY
QUIET

SHORT
TALL

CYCLING

BASKET

BELL

BOLTS

BRAKES

CHAIN

CLIPS

COGS

FRAME

GEARS

HELMET

INNER TUBE

LIGHTS

LOCK

MUDGUARD

NUTS

PEDALS

PUMP

SADDLE

SEAT

SPOKES

SPROCKET

TRICYCLE

VALVE

WHEEL

```
H E U Y O E B U T R E N N I C
B L Z A N C S H B N H V F W H
G C L I P S J B F O K N M O A
S Y S T H G I L S E L U X C I
T C P Y U O A T Z E D T O D N
E I R M Q U S D E G K G S L T
M R O X U P X H U E S E P B W
L T C E O P W A F A K A K A O
E O K K L V R V P R C N B S S
H J E M V D V A P S O E L K E
C S T Y A I D D X H L A F E K
O P N B L S S A S V D R D T A
D I U E V I C H S E A M S Z R
L W T L E I L S P M A Q C Z B
L K S L F L Z Z E V T T C L A
```

BITS AND PIECES

CHIP

CLAUSE

CROSS SECTION

CRUMB

CUTTING

DEPARTMENT

DETAIL

EXCERPT

EXTRACT

HALF

LIMB

MORSEL

OFFCUT

SAMPLE

SCENE

```
R C R M P B R H B E T O D C O
O T R E M I P E X C E R P T Y
S H N I V O H A T K W O F C X
M L L E J I R C R N Q Z Y R B
O C R U M B L S D C I E V O R
P S F O F T E S E A S L P S G
E S H Q N L R V L L Z P P S E
V Z O A J R A A E L G M D S N
N M P O R T C H P G D A X E E
A S V Y U D D U Y E D S P C C
K Q V C T W G S T Z D E H T S
I Q F F B T C A R T X E W I L
F F H C Z P I U W R I I T O I
O R E W Q L F I G Y N N Y N C
C L A U S E G O X G N D G X E
```

SCRAP

SHARD

SLICE

SLIVER

SPLINTER

TWIG

VERSE

WEDGE

WING

THINGS THAT GO ROUND

ARMATURE

CASTOR

CEMENT MIXER

COMET

COMPUTER DISK

CYCLONE

DREIDEL

DRILL

EGG BEATER

GRINDER

MOON

PLANET

RECORD

REVOLVING DOOR

ROLLER

ROTOR

SPACE STATION

SPINDLE

THE EARTH

TORNADO

TURBINE

WHEEL

WHISK

YO-YO

```
N D L G A H T R A E E H T R R
K D E R Y R E T A E B G G E E
N S D I O M B K Y M O O N V R
N D I N Y U I W Y R A J J O U
O R E D O Q R C H R J D R L T
I I R E R E E T C I R U E V A
T L D R L E U V A D S Q C I M
A L Y L L R T O L R C K O N R
T O O S B E R U O I Y J R G A
S R D I P O E T P C C Q D D R
E C N A T I O H F M L V C O V
C E Y S N R N G W Q O E U O Y
A K A X J R X D Y Y N C Z R R
P C O M E T O W L T E N A L P
S S R E X I M T N E M E C X V
```

MAKE WORDS

A FACE

A FRESH START

A FUSS

AN EXIT

BOLD

CLEAR

ENDS MEET

EYES AT

FRIENDS

FUN OF

GOOD

HAPPY

HASTE

MERRY

MONEY

```
Y W D E S T X I E R Q R J E I
A X F B I C E V A T U D S Y Z
W O B O K G Z E Z M S N W U Y
W U H T H T L F M X E A R P J
Z F V I R C E Y E S A T H Y R
Z S E A Z A U Q R P D P T O H
H Q C R A E T M R B R N L U O
Q K P T U F W S Y M E V E R F
S R D D P S A E H F V T B M R
N S L O H C S C W S O R M I I
W O Q A O T S U E U E N V N E
B A P Q M G W U F A A R U D N
Z P V Y E N O M K A B P F F D
Y A N E X I T T D Q F Y T A S
M P A V S H R F R F K W E V P
```

MUCH OF

OR BREAK

OVER

SENSE

SURE

TRACKS

UP YOUR MIND

WAVES

WAY

DARK WORDS

AGES

ARCHES

BROWED

BROWN

CHOCOLATE

CLOUDS

COMEDY

DAYS

EYED

GLASSES

GREEN

HAIRED

HORSE

MEAT

NEBULA

```
T S A O R D K J Y G U T G D Q
I W N N W O R B R O W E D E N
M I P P C C K P E V X Y Q R T
N T H O U G H T S G F E T I Q
A N Y K E X S O E R T D L A B
S R J Y P S C N C C T G L H K
M B C M D K R I O O A V J X A
Q P C H O E C O Y I L P M P L
Q S R C E V M M H N T A S E U
T M K S U S O O W J G C T K B
W E Y Y T E O N C E L M A E E
H A M H L N R T S O G R E E N
D T G E Q W E B U Z A X F V R
U I W D S A N D Z T M P U D C
N H B B J I S E S S A L G O I
```

NIGHT

SPACE

REACTION

STAR

ROAST

THOUGHTS

ROOM

WEB

SKY

INTELLIGENCE

ACUMEN

ACUTENESS

ASTUTE

BRAINY

BRIGHT

CLEVER

DISCERNING

EDUCATED

GENIUS

INSTRUCTED

INTELLECT

KNOWING

MENTAL

RATIONAL

SAGACITY

SCHOOLED

SENSIBLE

SHARP

SHREWD

THOUGHT

TUTORED

UNDERSTANDING

WELL-READ

WISDOM

```
J S T H G I R B Z B K S G J Y
W U C D E T C U R T S N I B T
A I N M O D S I W E O P R W I
S N K D A U A X N A J A W S C
T E A N E R O E E X I K H G A
U G D R U R T V R N C A S Z G
T S N U A U S U Y L R M B W A
E C P I C T N T T P L H B L S
G H E A N A I E A O D E P A T
N O R L H R T O M N R Z W T H
I O F Y L I E E N U D E A N O
W L R E V E L C D A C I D E U
O E I Y J C T N S R L A N M G
N D W X U S E N S I B L E G H
K D W E R H S O I W D E J V T
```

BEDTIME

BEDSPREAD

BLANKET

COCOA

COMFORT

DOZING

DROWSY

EIDERDOWN

LULLABY

MATTRESS

NIGHTGOWN

PILLOW

PRAYERS

QUILT

RELAX

REST

SHEETS

SLEEPY

SNOOZE

SNORING

TIRED

UNDRESSED

WARMTH

WASHING

YAWN

```
T R O F M O C F R O G E S A Y
G L E I D E R D O W N E Y R A
L P A R T S N S I A I A P B D
S U B Y H S N L U R R T E L B
E S L E S B E I U M O I E A D
B S E L E W E R G T N R L N E
Y T N R A F O D W H S E S K S
S U W O T B L R S F T D Y E S
A S E S O T Y S D P S G M T E
A W N I A Z A S A D R B O U R
V L E A S E E M O Q C E X W D
P R A Y E R S Z C U N W A Y N
W O L L I P I X O I H I L D U
W A S H I N G J C L S Z E E A
S L A E G V R O A T O E R E D
```

TITANIC

BRIDGE

CABIN

CAPTAIN

CHANDELIER

DISASTER

ENGINES

FLARES

GALLEY

ICEBERG

JEWELS

LINER

LUXURY

MAIDEN VOYAGE

MAYDAY

OCEAN

PUMPS

RESCUE

SAILORS

SALOON

SHIP

SIGNAL

SINKING

SOS CALL

TRAGEDY

```
L J I V G U N B I C S U P X K
L K L X G L Y I X H P E I C A
A M J B W T W E A S M D H H V
C R A S I G N A L T U T S A N
S E Q I F M O P G L P R N N Q
O T V K D S C R W Q A A J D M
S S W G L E Z S X E E G C E A
I A A R I R N F A C G E L L Y
N S Y E N A E V O I K D V I D
K I R B E L U N O L L Y I E A
I D U E R F O C L Y R O I R Y
N P X C S O A P A X A E R A B
G I U I L C L K H B B G H S F
P H L A Y Y U E N G I N E S C
C V S S L E W E J Z B N U G T
```

UK PARLIAMENT

BLACK ROD

BUDGET

CANVASS

CHAMBER

COMMITTEE

DEBATE

HEALTH

HOME OFFICE

HUSTINGS

LABOUR

LOBBY

MAJORITY

MINISTER

PREMIER

PROPOSAL

RECESS

SEAT

SPEECH

TORY

VETO

WARD

WHIG

WHIP

WOOLSACK

```
Y U H B L A C K R O D E L H R
B H I O E A G H E M G D J C A
F S B S N H U O A T R D O E E
W B E V E S R J N N A M Y E C
Y A A A T T O E V Q M B M P I
T S L I E R N A B I A W E S F
S T N G I F E G T M W A R D F
H G D T H O T T R S A C U G O
S U Y G L S E O S E W H C B E
B H G X S E R R X I I W C W M
A K V E F S U Y W V N M H H O
E K C A S L O O W H E I E I H
L E H S X I B C G U I T M R G
R N L T A E A L A S O P O R P
F S P D V C L I U W Y V V J G
```

DICTIONARY

ABRIDGED

ADVERB

CITATION

COLLOQUIAL

DIALECT

ETYMOLOGY

GIST

GRAMMAR

LEXICON

LISTING

MEANING

PAGES

PLURAL

POETIC

SLANG

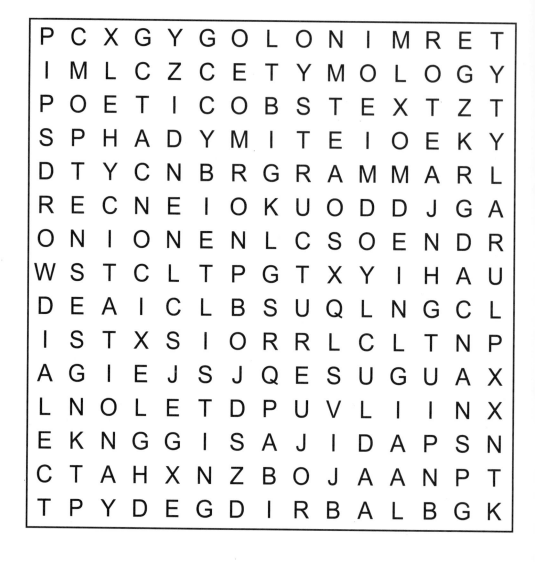

SPEECH		TERMINOLOGY
SPELLING		TEXT
STRUCTURE		VULGAR
SYNTAX		WORDS
TENSES		

FARM ANIMALS

BOARS

BULLS

CALVES

CATS

CHICKENS

COCKERELS

DOGS

DRAKES

DUCKS

EWES

GANDERS

GEESE

GOATS

GOSLINGS

HORSES

KIDS

KITTENS

LAMBS

PIGLETS

PIGS

PONIES

RAMS

SHEEP

SOWS

```
J I X X B D P S S U U M Q G L
W U N O R G R B G E Z A A S A
R B A A O O M C C O S N N P B
R R K S T A H O X B D E O J S
S E F O L I C G E E K N E Y L
S J U W X K O N R C I Z J G L
Y T D S E S M S I E T S Y N U
V V P R L T J H S R T L M S B
K W E I C A C A L V E S H A B
T L N M Y O R E S H N H B H R
S G R J Y G W Q O G S C V E I
S S D K K E P R J S I N A Q Y
E Q I W S U S K C U D P R T U
W D T S H E E P I A E E T S S
S U N W S T E L G I P H G R W
```

PAIRS OF THINGS

BINOCULARS

BOOTS

BRACES

BREECHES

CHOPSTICKS

CYMBALS

DICE

EARRINGS

EYES

FEET

```
S L A D N A S S S H H E B S B
S L P D B S B E R R S D R K B
E S L A B M Y C V E N U I P K
O A Q O N E M A A O P N E C M
H S R E N I A R T S U P X L E
S E H C E E R B J S Y M I T N
T O N G S I S N S R E V O L T
H G X H N B I N O C U L A R S
G F I G W C T K S O C K S W U
I U S S X S P E C T A C L E S
L J S T G X S W E W R M E W I
D B O O N N T T B F G O G X R
A O P O Y G U J N O G X H U T
E U Y B Y O X L H A N D S S S
H N U I S K C I T S P O H C F
```

HANDS

HEADLIGHTS

LOVERS

LUNGS

PANTS

SANDALS

SHOES

SHORTS

SLIPPERS

SOCKS

SPECTACLES

SPURS

TONGS

TRAINERS

M TO M

MADAM

MAGNUM

MALCOLM

MANNERISM

MARJORAM

MARTYRDOM

MARXISM

MAXIM

MAYHEM

MECHANISM

MEDIUM

MEMORIAM

METONYM

MIDSTREAM

MINIMALISM

```
M S I X R A M M E M M G M M M
U M A S F I E N I O W O Y S A
C D P H L P U D L X N E I T M
I J I S W W S Y M O A L Q A M
D J U T H T B E G M A M E U A
O M T Z R D H R E M C B E E R
M X N E E Y A C I M N S A J O
L N A N A M H N S O U J H M J
O M U M M A I R O M E M Z O R
C M G X N M Y M E D I U M M A
L S X I A X O T C F M O D E M
A S S D M O O R H S U M F N X
M M A M A N N E R I S M S T K
F M D O Y H R F E M A G N U M
N K B M O D R Y T R A M O M I
```

MODEM

MODICUM

MOLYBDENUM

MOMENTUM

MONOGRAM

MOONBEAM

MUSEUM

MUSHROOM

MUSLIM

DOUBLE TROUBLE

AYE-AYE

BERBER

BERIBERI

BOO-BOO

BYE-BYE

CHOP-CHOP

CHOW-CHOW

DODO

DUMDUM

FROU-FROU

GAGA

HOTSHOTS

HUSH-HUSH

LULU

MURMUR

PAPA

PIRI-PIRI

POMPOM

SO-SO

TARTAR

TOM-TOM

TSETSE

TUTU

YO-YO

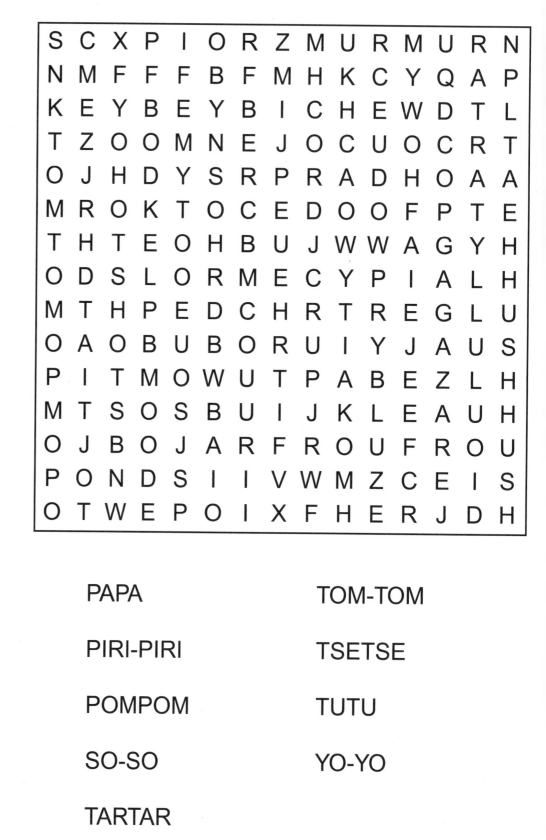

S C X P I O R Z M U R M U R N
N M F F F B F M H K C Y Q A P
K E Y B E Y B I C H E W D T L
T Z O O M N E J O C U O C R T
O J H D Y S R P R A D H O A A
M R O K T O C E D O O F P T E
T H T E O H B U J W W A G Y H
O D S L O R M E C Y P I A L H
M T H P E D C H R T R E G L U
O A O B U B O R U I Y J A U S
P I T M O W U T P A B E Z L H
M T S O S B U I J K L E A U H
O J B O J A R F R O U F R O U
P O N D S I I V W M Z C E I S
O T W E P O I X F H E R J D H

TAKING A FLIGHT

AIR HOSTESS

AIR STEWARD

AISLE

BAGGAGE

BLANKET

BRIDGE

CABIN

CHECK-IN

DUTY-FREE

FLIGHT DECK

GATE

IN-FLIGHT MEAL

LOCKER

PASSPORT

PILLOW

PILOT

SAFETY

SEAT BELT

SECURITY

SHORT-HAUL

TAKEOFF

TICKETS

TROLLEY

WINDOW

```
N G E G T S S E T S O H R I A
U S S L E E R F Y T U D F W C
M A L F S C K N Z D L O K L S
Q S N P L I X N Y U O J L E F
J E O I Z I A T A A V A A X Y
D C Y O K R G H F L E T D E T
R U Q C U C T H S M B U L L E
A R Z U V R E T T E M L I O F
W I N D O W E H L D O H P C A
E T W H C K G T C R E I H K S
T Y S O C I C F T T L C B E V
S T R I L B A S A O C P K R O
R X T F F L B G T A K E O F F
I W N E G D I R B A G G A G E
A I U T Y L N P A S S P O R T
```

CIVIL

ACCOMMODATING

AFFABLE

AGREEABLE

AMIABLE

CONSIDERATE

CULTIVATED

DUTIFUL

GALLANT

GENIAL

GENTEEL

```
K E E S O B L I G I N G N M E
D J K C U L T I V A T E D V E
C E S I L O A V M P G K A M A
O I N U L F I I L A O U X C Z
N E A I F Y A C L V S L C M S
S Q N A F B D L A L L O I E I
I E B A L E A A U R M K N T G
D L L E B N R F L M G S E F E
E G A B T R T P O L I S H E D
R E D N A C U D U T I F U L H
A N N S E E A F I L A I N E G
T T X P W T E V T A C T F U L
E E S N I D E R B L L E W R E
N E P N T H O U G H T F U L T
R L G E N T L E M A N L Y Y K
```

GENTLEMANLY

GRACIOUS

LADYLIKE

OBLIGING

POLISHED

POLITE

REFINED

RESPECTFUL

SENSITIVE

SUAVE

TACTFUL

THOUGHTFUL

URBANE

WELL-BRED

SHADES OF BROWN

ALMOND

BEAVER

BURNT SIENNA

CAFE AU LAIT

CARAMEL

CHAMOIS

CHESTNUT

CHOCOLATE

COCOA

FAWN

HAZEL

HONEY

INFUSCATE

MAHOGANY

MOCHA

```
V A D I U D Z I U G Y E N Y L
K Z N P W S T U N T S E H C E
S R X N H C E V I L O B N Z Z
C I U R E V A E B Y C T Q O A
G J O S A I N F U S C A T E H
I A V M T W S P E V E P L L I
M O C H A Y A T Z A C P Z V L
O C K V Z H N U N D U X I X L
C O A X R A C U C R N L V A A
G C E C C I G T U F U O A O E
V C T E A A U W L W H B M I M
A H P F C H O C O L A T E L T
A O A A M A H O G A N Y M P A
L Q T W E B D L E M A R A C O
T A W N Y Y I Z G N D T D U K
```

OATMEAL

OLIVE

PECAN

RUSTY

SEPIA

TAWNY

TEAK

WHEAT

WOODY

ANIMALS' YOUNG

CALF

CHICK

CRIA

CUB

CYGNET

DUCKLING

ELVER

FAWN

FLEDGLING

FOAL

FRY

GRUBS

JOEY

KID

LAMB

```
B T X G N I L G D E L F S P H
D M H W R A Y H C L O Q V G K
Z Z A T R U X L Y V U D N I O
O F E L E Q B H F E L I D R V
C Y G N E T A S A R L S B A C
L R N K N W E K A K P N S L V
U A J C S I E Q C I T H M O I
C I R C P R J U D T L U O P I
V I T V Y K D E Y V E E L N C
A C I E A C R B F F V E T O O
V R O P L L H X L O E O D W S
L J K L I G Q I A A R J L Q X
B E S N N W I F C L E E U K B
H U G F A Y D P R K T A I Q O
Q M C T T A I Z Y Y B V C K X
```

LARVA

LEVERET

OWLET

PIGLET

POULT

SMOLT

SPIDERLING

SQUAB

SQUEAKER

TREASURE ISLAND

BEN GUNN

BLACK DOG

BLIND PEW

CANNONS

CAPTAIN

COMPASS

CUTLASS

GUINEAS

ISLAND

JOHN HUNTER

LIVESEY

LOGBOOK

MR DANCE

MUSKET

MUTINY

PARROT

PIECES OF EIGHT

PIRATES

PISTOL

SEAMEN

SKELETON

STEVENSON

TREASURE

YO HO HO

```
E R U S A E R T T Z G D E N O
L N N O T E L E K S O N L E H
T O E R Y K K E S K D A D M O
H S T E W S E A W Q K L F A H
G N R S U F L C W M C S Z E O
I E R M I T A W S U A I C S Y
E V I E U P M A E T L F A S D
F E T C T R E S F I B J N A G
O T D A D N P Y V N V N N P K
S S I A I A U E A Y U N O M O
E N N U R O S H J G V E N O O
C C G R W E P D N I L B S C B
E D O Y Y R A E B H Z R D V G
I T M S G N B N A W O H S M O
P E S E T A R I P A U J Q V L
```

ABLE ENDINGS

AFFABLE

AMENABLE

AMIABLE

ASCERTAINABLE

CHEWABLE

DESIRABLE

DISABLE

DISPOSABLE

DISTINGUISHABLE

EQUABLE

EXPIABLE

FORMIDABLE

MALLEABLE

MOVEABLE

NAVIGABLE

```
E L B A E V O M A F F A B L E
L B T N L D I S P O S A B L E
B A L A B S A E L B A E B L E
A E T V A P R A B L L A B P L
I Q A I W M B P E B H A P E B
M U X G E L E L A S N E L B A
A A A A H I B D I I L B P L R
L B B B C A I U A B A A U U I
L L L L N M G T A I R K N Z S
E E E E R N R E P A Y A B L E
A K M O I E C X B W B A B L D
B A F T C A E L P L I A B L E
L N S S E V E G E T A B L E M
E I A P A B L E D I S A B L E
D E L B A E L B A E L A S E R
```

PARABLE

PEACEABLE

PERMEABLE

PLIABLE

REPAYABLE

SALEABLE

TAXABLE

UNABLE

VEGETABLE

SUSTAINABLE ENERGY

BATTERY

BIODIESEL

BIOGAS

BIOMASS

BUTANE

CARBON TAX

DAMS

DEMAND

FUEL CELL

GASOHOL

```
H H I X U N E G O R D Y H E F
B E N A T U R A L G A S H L N
I A D T A X C R E D I T S L O
O T U N D V G W H B D M L J I
D I S O A Q F D L G I O V Q T
I N T B F M U F G T N O K Z A
E G R R Y R E T T A B Q G R L
S C Y A T E L D H R S C K A U
E N I C D T C T V W M O Y S S
L I A R Y E E B V E U A H T N
H U D H P M L O U C I G C O I
V I U W J L L Y G T N X D R L
H O T S P R I N G D A M S A Z
S F I S S A M O I B R N U G Q
E N A P O R P P B Y U Z E E U
```

HEATING	METER	RAIL
HOT SPRING	METHANOL	STORAGE
HYDROGEN	NATURAL GAS	TAX CREDITS
INDUSTRY	OIL PRICE	URANIUM
INSULATION	PROPANE	

SUSHI

AVOCADO

CARROTS

CRAB

GINGER

HOCHO

IKURA

KAPPA

MAKISU

MAYONNAISE

OYSTERS

PICKLE

RICE

ROLLS

SESAME SEEDS

SHRIMP

SOY SAUCE

SQUID

SUKEROKU

TAMAGO

TOBIKO

TOFU

TUNA

UNAGI

WASABI

```
L O D U T A M A G O O Z T U D
E E M K A P E A L D M P M L E
I L M O C E S I A N N O Y A M
R K A R C Z I C S U D Y N I S
F C K E F R O S H F I S J D O
R I I K D V A A R O U T E Q Y
R P S U A T V B I T Q E E D S
T E U S O U R V M Z S R Y A A
E L G B O N O Z P E C S E P U
S C I N Y A L B M E A A G P C
E K I A I U L A D S R R T A E
O X X R N G S N M Q R U F K I
M P I A F E K E H O O K R U Q
H H G T S H O C H O T I V Z L
A I O J E I S O W A S A B I K
```

SILVER WORDS

BEECH

BIRCH

CERTIFICATE

CHLORIDE

DOLLAR

JUBILEE

MEDAL

MINES

NECKLACE

NITRATE

PERCH

PLATE

POLISH

PROTEIN

SALVER

```
E E B E R L A R W A M E N E J
U C D R O W S A D A B F U M E
G H E Y A G T L H S I L O P P
N L R E O T E L H N U M N E I
O O K C L A A O C S P P R G G
T R Y E I I D D R E A C Q N E
L I B A E R B A I N H L I N N
L D O Z A F R U B I Z D V I I
N E C K L A C E J M D O H E T
Z L N B U O S M D E B A W T R
S A V B E P A T W L J I I O A
T D Z H L E I I A I O R L R T
H E N A O K C A T R R S L P E
T M T C E R N H D N S P O O N
Q E T A C I F I T R E C W H Y
```

SOLDER

SPOON

STARS

SWORD

TANKARD

TONGUE

WATTLE

WEDDING

WILLOW

COLD START

AS ICE

CASES

CASH

CATHODE

CHISEL

COMFORT

COMPRESS

CREAM

CUTS

DUCK

FEET

FISH

FORGE

FRONT

HEARTED

```
Z R R D J M R P Y C P E I D L
N G E R I E D A K E Q V E D T
Q B A D T V C K Q K T L S Z
S S S A L P U K S X R R F V O
T H W F L U A P L A M O U U K
G W E C O U O N E U G A P T I
O D A C H R N H S D B L E T Y
T U T X O I G X S F O D B R B
T C V P S M S E M E L T C O C
N K T Y O X P E C I S A A F H
O T L E R L S R L A T A L M S
R O L L E D Y Q E H S I C O I
F C Y S S F S E O S G H U C F
Q Q L J E E H D D H S H T A P
Y Y B I S Y E Y T W T F S Z E
```

LIGHT

PACK

ROLLED

SHOULDER

SNAP

SORES

SWEAT

TURKEY

WATER

CIRCUS

ACTS

BIG TOP

CANNON

CANVAS

CHILDREN

CLOWN

CROWD

DOGS

FEATS

GASPS

HOT DOG

KIDS

LAUGHTER

MAGIC

PARADE

```
B S X P G J M N C C H O J Q S
B W T G Y Q E O F T U D T F G
P O H I S A V N A C W A Q N O
C R F O L E V N Q O E J I A D
H D S F T T E A R R U W B S S
I S R R C D S C T E O T V C Z
L W A Z I R O P A R A D E Y X
D A T C S N E G H V U N P N Z
R L S Q T K G T W E S Z K Y T
E L P E N S R M H H P I O G S
N O Q O U E M S A G D R Q P N
K W S U T R A Q C S U E S B U
W E O A S G G N C S T A E F U
V R W T R A I N E R G E L R Z
U C L O W N C B C A E A R L H
```

RINGMASTER

STARS

STILTS

STUNTS

SWORD
  SWALLOWER

TENT

TRAINER

TREAT

WATER
  THROWING

PARIS METRO STATIONS

ALESIA

ANVERS

ARGENTINE

AVRON

BERCY

BOLIVAR

BOURSE

CADET

CORVISART

EUROPE

```
B R J E N I T N E G R A N M V
H L A D C P S J W W O U O Q J
U I S L V R P S R V A J U H Q
A E M X E J T E Y A C G G P Y
E H I V E S N O S P V A R S F
B P N K R B I A F M L I D A C
A A N U U O E A T E Z Y L E M
R R O A A U L R N I S T R O T
I G R E F R A A C S O S N L B
M E V N X S R C A Y O N J S Z
L L A A I E O P M O N C E A U
H E N V L D N A B W E N R L E
F T R P E L L E P O R T M M M
F O N O F N L S B E L C O T W
C D N D O M G H T E U R O P E
```

FELIX FAURE	ODEON	TELEGRAPHE
JASMIN	PASSY	TERNES
MIRABEAU	PELLEPORT	VANEAU
MONCEAU	RANELAGH	WAGRAM
NATION	ROME	

INVENTIONS

ASPIRIN

ATOM BOMB

CAMERA

CELLOPHANE

CEMENT

CLOCK

COMPUTER

CONTACT LENS

FOAM RUBBER

LASER

```
N E P O C S I R E P P U S X K
I O M P R A C R O T O M X R R
R S R E L I T S N R U T E E X
I H B C V L E E H W F N B V O
P A M C L F M D V B E B R L F
S P T D O E J R E T U P M O C
A L T O C N V B S R R U A V X
X A E V M K T A M A T C H E S
T S R T C B F A R A D I O R T
H T Y O G P O E C Z K N C O C
K I L G I F S M Z T R P B A I
X C E Z A A Q X B A L O M J A
L I N O L E U M W U R E K Y P
S P E E D O M E T E R H N H F
R J C E L L O P H A N E L S L
```

LINOLEUM

MATCHES

MOTOR CAR

PERISCOPE

PLASTIC

RADIO

REVOLVER

ROBOT

SPEEDOMETER

TERYLENE

TURNSTILE

VELCRO

WHEEL

ZIP FASTENER

COMPOST HEAP

BACTERIA

BERRIES

BONFIRE ASH

COFFEE
   GROUNDS

DEBRIS

DECAY

EGGSHELLS

FEATHERS

FLOWERS

GRASS CUTTINGS

LAYERING

LEAVES

MANURE

NEWSPAPER

ORGANIC

PEELINGS

PLANTS

SAWDUST

SCRAPS

SEAWEED

STRAW

VEGETATION

WOOD CHIPS

WORMS

```
E H S G N I T T U C S S A R G
R V E B Y H Y S R E H T A E F
U S D N U O R G E E F F O C E
N V Y A Y D I Q V S Z B Y U G
A E P L I A S U J I T A D P G
M G L P A R Z I O M C R E W S
W E A S I Y E K R E G N A G H
O T N P U C E T D B L L P W E
O A T Y S P A R C S E A E D L
D T S U D W A S I A X D E E L
C I N A G R O X V N B A L E S
H O M F L O W E R S G Z I W B
I N W N E W S P A P E R N A J
P H S A E R I F N O B P G E Z
S E I R R E B W O R M S S S K
```

HARD TO START

AND FAST

BOILED

CASH

CHEESE

COPIES

CORE

COVER

CURRENCY

DISK

DRINK

```
P H H V K E S E E H C N A P N
S T O N X Z R T S A F D N A P
I A I X A W E B A L I Q U O R
F R F W P Y Y X Z J E E Y C X
D D E L I O B C D Z I I A L Y
L R E V K I D H N T O S O T J
L L T S G N I R A E H F O W S
E T H E A D E D P F R F A G E
S G C R C E I B B R N R N M M
U H O O T O L S H P E I U V I
W C L A R K P P K Y L S G C T
K A E I R E K I O E I M S G E
L H T O N C A P E T C O V E R
W Z C E U E S F E S L L D D D
Q G S L R O S Y E F H E G C I
```

FEELINGS

OF HEARING

TO PLEASE

HEADED

PRESSED

WARE

LINES

ROCK

WATER

LIQUOR

SELL

WHEAT

LUCK

TIMES

NATIVE AMERICAN PEOPLES

APACHE

ARAPAHO

ARAWAK

BLACKFOOT

CHEROKEE

CHOCTAW

CREE

CROW

HURON

IROQUOIS

MOHAWK

MOHICAN

PUEBLO

SEMINOLE

SENECA

```
G R O H A P A R A T I H C I W
A U S H O S H O N E N U U W P
P U E B L O I E W V O K P W Q
A A W E T H E O I R R Y M H M
C G M E N K W R U O U O U O W
H E T H O W O F V X H F H M Y
E O S R A Q A S Y A K I M A A
N W E H U R E H W F C H G S N
I H W O L N A K S A E C L H D
C Z I U E N K W N X V M R O O
V S C C J D B L A C K F O O T
C U A J Y Y E O C K V W Z K W
D R T Q G D W X I E U Y K T P
O Q E E C Z C H O C T A W Q E
X U S E M I N O L E G Q Q B S
```

SHAWNEE

SHOSHONE

SIOUX

TETON

UTE

WICHITA

WYANDOT

YAKIMA

YUMA

WIND AND BRASS INSTRUMENTS

BASS TUBA

BASSOON

BUGLE

CLARINET

COR ANGLAIS

CORNET

FIFE

FLAGEOLET

FLUTE

HAUTBOY

```
S O W E R B A S S T U B A C K
F L A G E O L E T E P M U R T
J O S A D N E T C N F L U T E
H C H N R T A P O R I M P A R
E C A I O A S S R O V W B E N
C I U R C V E W A C J A L P R
K P T A E F I F N A M H N A O
E E B C R B E C G E Y S F N H
L N O O S S A B L E Q O D P T
P C Y I M N O O A A H C V I S
H P X O E K D B I S R B D P O
O V B W A I R U S H C I V E P
N O I Z C A F G B A S S N S I
E I O A P E I L M E A C K E R
H O R N P I P E N O B M O R T
```

HECKELPHONE

HORNPIPE

KAZOO

MELODICA

OBOE

OCARINA

PANPIPES

PICCOLO

POST HORN

RECORDER

SHAWM

SHOFAR

TROMBONE

TRUMPET

ANTI WORDS

BIOTIC

BODY

CHRIST

CLIMAX

DEPRESSANT

EMETIC

FREEZE

HERO

KNOCK

MATTER

NEUTRON

OXIDANT

PERSONNEL

POPE

PROTON

```
B S R Y S U E T R H F U T E S
E C N A D I M U R E S C P A S
F N T O W O B V L B T O F D N
S E I I L O B Y I R P T X W O
I C H X E A K I E R I N A Q R
S S I S O F V A E L U A M M T
E S B I O T I C E I U S I Q U
H H E N U G K N A T E S L K E
T N Y H X N N C F P K E C H N
V O X H T O I R T C E R C E T
A T M S S T E I O M H P H R I
D O U R E E C N X O Q E R O U
O R E M E W K V T N A D I X O
T P E A S O H C A E O O S O N
E Y I E Z E E R F V R A T E N
```

SEPTIC

SERUM

TANK GUN

THESIS

TOXIN

TRUST

VENOM

VIRUS

WAR

NOISY

BLAST

BRAY

CHIME

CHIRRUP

CLANG

CRACK

CREAK

DRUMMING

ECHO

HISS

HONK

KNOCK

RINGING

SCREECH

SLAM

SMACK

SQUEAL

STOMP

TRUMPETING

TUMULT

WAIL

WHAM

YELP

YOWL

```
P S T A T X Z G N S F T N N X
N G J R L O E C H O E F C G Q
T P H Q U X R P C S A R Y N G
N U F Y M M M I C R A B B I U
L R E W U O P R N C E R H M I
R R E O T A E E K G O A T M O
W I S S G E X K T S I Y K U W
H H S M C H I M E I T N W R F
K C A H A W J Q P L N Z G D Z
N E H M Y C L A N G W G M M Z
O J N S D O K U N A K C O N K
H I S S P S W Y I O S G D M E
N T S A L B E L Q H C R W A F
N L S W C L L A E U Q S F L L
A A C X P C L T V K G F N S O
```

COLLECTION

ACCUMULATION

CHOICE

CLASS

EXTRACT

FARRAGO

GROUP

HOTCHPOTCH

JUMBLE

KINDS

MINGLE-MANGLE

```
Z Z R G H C T O P H C T O H M
E E G N A R X S S E F M N W I
P V Y N A L L E C S I M O R N
Y G A B G A R I M S P M I I G
I E Q R C Q O G H S I U T F L
G O L S I H C M Z X T U A N E
A H O T C E A U T S G R L G M
B J C N O S T U B S R W U R A
D E U E H M R Y K A T R M O N
E S V M X E Y Y G K U O U U G
X U S D B T L O K C Z N C P L
I N D D P L R P I X L P C K E
M D R O N I E A M G S S A L C
I R B J V I C V C A W L N C S
K Y E W X M K K E T S C Y C K
```

MISCELLANY

MISHMASH

MIXED BAG

MIXTURE

MOTLEY

ODDMENTS

PACK

PICK

RAGBAG

RANGE

SAMPLE

STOCK

SUNDRY

VARIETY

WEEDING

BLACKBERRY

BRACKEN

BRYONY

BUTTERCUP

CLEAVERS

CLOVER

FAT HEN

FLEABANE

GROUND ELDER

GROUND IVY

HENBANE

HENBIT

MAYWEED

NETTLES

OXALIS

PEARLWORT

PLANTAIN

RAGWORT

SILVERWEED

SORREL

TARES

THISTLE

TREFOIL

VETCH

```
O G R L R E D L E D N U O R G
L N I A T N A L P H N H B S G
Y V I D N U O R G E I L U O C
H E U Y Y D C S T V A W T R S
R T P N C L E T E C I H T R I
W C E O V O L E K R I L E E L
N H A Y R E H B W S A V R L V
E F R R S A E S T Y A T C E E
H N L B E R G L T E A K U S R
T O W E R V E W L R F M P S W
A X O Y A A O C O H E T E A E
F A R C U B C L G R A F I K E
U L T F V A A K C E T R O I D
T I B N E H R N E Y E N E I S
V S H E N B A N E N C L E A L
```

SOUP

ALPHABET

ASPARAGUS

BEEF

BORSCHT

BROTH

CARROT

CHICKEN

CHOWDER

GARLIC

JULIENNE

```
P N U V M A H D N A A E P V N
B O R S C H T M A Y W W O W O
S Y E L R A B L R A E P T E I
P F N M Z X P E H Q N G A U N
I E K A L H C N L X O H T Q O
N E O C A E V E N E T Z O S Q
A B H B L J U L I E N N E I O
C W E I E N N I C H O Z N B T
H T O J N E D R A D W H B R A
O T A X T K X D R C J L V E M
W W O H I C P A R S N I P T O
D G A R L I C M O F O A A S T
E F B I B H N S T E S T S B E
R Y B R R C K C O T S X Q O G
S U G A R A P S A H V O Z L G
```

LENTIL

LOBSTER BISQUE

MADRILENE

ONION

OXTAIL

PARSNIP

PASTA

PEA AND HAM

PEARL BARLEY

POTATO

SPINACH

STOCK

TOMATO

WONTON

SAILING

BEAM

BELOW

BOATS

BOOM

CABIN

CARGO

FLAG

GALLEY

HALYARD

HELM

```
W B X S C T W W N F B K L N H
P H Q B O Z O K H F L E N N S
X A S E C F L B W N E M A S T
A L T Z E A E I H K N V C M A
A Y A E V N B A D O I R T I O
M A R G B H S A W G K I E D B
H R B O Y S V K A R M G K T B
W D O H E L M T V A S G C M S
H M A V J W I H R C V I A Y N
V S R U O O T R H D T N J E J
J U D R N E K O Y R V G E L O
I Q P F G A O C W H O G F L Z
P U L L M N I N S I X L I A Q
Q A M P E N I B A C N Z L G Z
G Y G R I X P S J C K G Z L P
```

KEEL	QUAY	STARBOARD
LIFE JACKET	REEF	STERN
MAST	RIGGING	TOWING
NAVIGATION	ROLL	WASH
PROW	SCHOONER	

BALLETS

AGON

ANYUTA

APOLLO

BOLERO

CARMEN

CHOUT

DON QUIXOTE

FACADE

FIREBIRD

GAYANE

GISELLE

JEUX

JOB

LA VENTANA

LE CORSAIRE

LES NOCES

MANON

NUTCRACKER

ONDINE

ORPHEUS

PETROUCHKA

RODEO

SYLVIA

TOY BOX

```
N M B S A S E M A C A G O N E
J S U I T T C D B O L E R O T
X U E J U Z O P A R X C Y N O
D E N A Y A G Y R C D K U A X
F H L G N M P V B H A T P N I
I P R E A B A O D O C F O A U
R R O B C N U T L R X N E T Q
E O D T U O H C A L A E L N N
B K E A N R R C Y M O N L E O
I O O K K R S W X F I E V D
R Z J B G E P M A L W D S A P
D N E M R A C F W I R N I L W
Z A I V L Y S E Y Y R O G O C
P T D S E C O N S E L E H S L
P E T R O U C H K A V V Q D O
```

SIGNS

BUMPS

CLOSED

DANGER

DIVERSION

DO NOT DISTURB

DON'T RUN

EMERGENCY

FLOOD

HALT

HOSPITAL

NO ENTRY

NO SMOKING

ONE WAY

POISON

POLICE

QUIET PLEASE

SCHOOL

SLOW

STAIRS

STATION

TURN LEFT

UNSAFE

WALK

YIELD

```
S V Y K S R I A T S M T A N Q
Y P W F L C C M K R L B O E D
F I M Y I A N K R A M S B A I
V H E U N S W C H F I U N B V
P C M L B L L C D O N G R T E
G O P E D O F O P S E U F S R
N N T J S W N Y A R T E A E S
I E O E O T Y F X S L E L M I
K W D I R R E C I N L A L E O
O A P U T L I D R P T U L R N
M Y N N O A T U T I F Y C G Y
S U E O L O T E P O L I C E Q
O O H N N C I S W E O S W N O
N C N O H U O J O B O W W C M
S X D V Q H M S L W D A G Y I
```

BACKING GROUPS

BANSHEES

BLOCKHEADS

BLUE CAPS

BRUVVERS

COMETS

CRICKETS

DAKOTAS

DEL-TONES

DOMINOES

FAMOUS FLAMES

```
R S E G O O T S S T I M R E H
B B L U E C A P S S B J W P A
L M A G W T D E E R D G R Y V
O E L K O R L V U O O X A O L
C L C K H C A V M Y K D X N S
K O A B A W V I R V O K B E G
H D W R V E N U D T D A M S B
E Y I V R O M S P E N E T O X
A M N S E O D I L S R E L U S
D A G S U R P T H P K S B T W
S K S R O S O E U C V N E L O
M E S W L N E S I M U M Z A D
M R G N E S B R Y W O W S W A
B S X S U N C Y S C Q A P S H
E U S E M A L F S U O M A F S
```

GANG

HERMITS

MELODY MAKERS

MIRACLES

NEWS

OUTLAWS

PIPS

RAIDERS

RUMOUR

SHADOWS

STOOGES

SUPREMES

WAVES

WINGS

MOODS

BORED

BURDENED

CAREFREE

CONTENTED

CROSS

DOWN

GLOOMY

GLUM

HAPPY

HOPEFUL

JOLLY

JOYFUL

JUBILANT

LAZY

LOVING

MOODY

NERVOUS

OPEN-HEARTED

QUIET

SUBDUED

SULKING

SULLEN

TESTY

WARM

```
D E R O B S G U I Z D V Z B F
X G J Y J U U A M J Z G M D B
R L T M T O E O S S O R C E S
E U H O L S L E V U W R L T C
N M P O A O E L R R L G Y N T
U W W L L N U T Y F E K X E U
I D O G A F S U L L E N I T B
I E S D Y Z D Y E H O R H N H
C N Y O V E Y P S R N V A O G
A E J O U B P M O O D Y I C C
Z D L D O Q P R Q G M E N N K
E R B H A Q A L C U C R H J G
L U F E P O H J U B I L A N T
S B O P E N H E A R T E D W O
D X H Q Q V O Y T L U Z T K P
```

CREEPY-CRAWLIES

APHID

COCKCHAFER

DRONE

EGGS

FEELERS

FLEA

GADFLY

GNAT

GRASSHOPPER

HORNET

HOVERFLY

IMAGO

LACEWING

LEGS

MITE

S	B	S	E	I	N	S	D	Q	H	Q	X	V	T	S
G	G	S	R	E	P	P	O	H	S	S	A	R	G	A
E	K	P	T	E	C	T	A	N	G	T	H	R	I	P
L	E	I	W	F	L	O	I	R	Z	E	I	X	C	H
Z	C	N	F	G	L	E	C	A	W	N	M	N	N	I
K	G	N	L	U	I	E	E	K	G	R	A	Z	G	D
R	D	E	X	H	V	R	S	F	C	O	G	X	K	Y
E	T	R	R	Z	W	P	T	U	L	H	O	R	L	K
D	T	A	R	S	U	S	E	A	O	O	A	F	R	H
A	F	E	Z	N	E	U	C	V	S	L	D	F	O	R
N	S	L	B	N	D	E	E	M	G	A	D	K	E	V
T	M	F	E	R	W	R	R	M	G	Z	P	O	M	R
Y	I	R	O	I	F	W	W	E	E	V	I	L	O	U
T	T	N	N	L	H	Y	Y	Y	J	O	Y	N	T	W
W	E	G	Y	K	M	G	F	A	Y	R	C	T	K	Q

NEST

RED ANT

SPINNER

STING

TARSUS

THRIP

TICK

WEEVIL

WOODLOUSE

NIGHT WORDS

BELL

BIRD

CLOTHES

CLUB

CRAWLER

DRESS

FALL

GAMES

GOWN

HAWK

HERON

LIFE

LIGHT

MARE

RAVEN

RIDER

SCHOOL

SHADE

SHIFT

SPOT

TERROR

WATCHMAN

WEAR

WORK

```
E X P E A W A C H N E R U H S
C F K H I C O V N E V A R Y L
N T W T Z E Q R H T I S C O E
N K A E R A M E K H Y J O R S
Y O H D L N D Y C I M H H S Z
R L R F Y A I A R C C R E V R
E L R E H S U N L S K R G E A
L E O S H I A U E I D R D L S
W R R J T M B H B H F I P E S
A A R V H H T S I T R E M S E
R W E C S O G H R A T A H F A
C E T E L F O I D T G C A R H
C A M C H T A F L Y O L I N M
W R O G O W N T E O L P L E E
W I R E F D S V L L E B S E O
```

BIBLE BOOKS

ACTS

AMOS

CHRONICLES

DEUTERONOMY

EXODUS

EZEKIEL

EZRA

HEBREWS

HOSEA

JEREMIAH

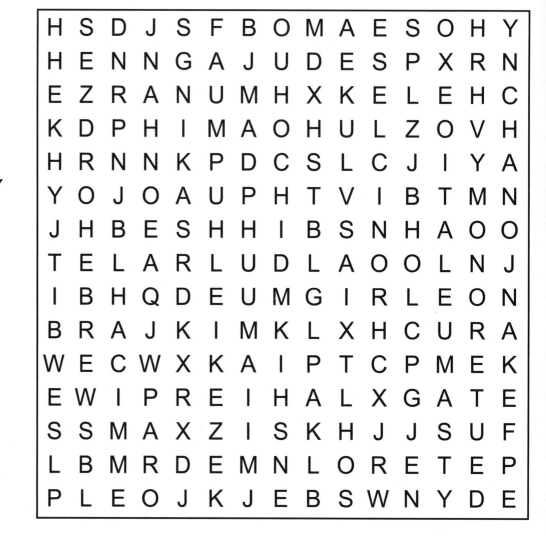

```
H S D J S F B O M A E S O H Y
H E N N G A J U D E S P X R N
E Z R A N U M H X K E L E H C
K D P H I M A O H U L Z O V H
H R N N K P D C S L C J I Y A
Y O J O A U P H T V I B T M N
J H B E S H H I B S N H A O O
T E L A R L U D L A O O L N J
I B H Q D E U M G I R L E O N
B R A J K I M K L X H C U R A
W E C W X K A I P T C P M E K
E W I P R E I H A L X G A T E
S S M A X Z I S K H J J S U F
L B M R D E M N L O R E T E P
P L E O J K J E B S W N Y D E
```

JOB

JOEL

JOHN

JONAH

JUDE

KINGS

LUKE

MARK

MICAH

NAHUM

OBADIAH

PETER

PHILIPPIANS

SAMUEL

SETTING A TABLE

BREAD

CAKE KNIFE

CARVING DISH

CONDIMENTS

DESSERT PLATE

FLOWERS

FORKS

FRUIT BOWL

GRAVY BOAT

KETCHUP

KNIVES

LADLE

LAZY SUSAN

MUSTARD

NAPKIN

PEPPER

PLACE MAT

SALT

TABLECLOTH

TARTARE SAUCE

TEASPOON

TUREEN

VINEGAR

WATER JUG

```
W H E P L A C E M A T O I D A
D W S L W O B T I U R F N E F
Z A H O D W Q T Q T S S D S F
T T E H A A C O U E E T N S H
A E C U E H L R V Y N N A E S
B R U V R H E I P I W E S R I
L J A G B E N S K G G M U T D
E U S G N K T P R P K I S P G
C G E B E O A A H E F D Y L N
L S R T G N V K T P W N Z A I
O U A D Q Y I C P P F O A T V
T L T L B H H V B E O C L E R
H P R O T U G J E R R Z M F A
P F A F P R E F I N K E K A C
G T T I X C N O O P S A E T G
```

CURRENCIES OF THE WORLD

BALBOA

BIRR

DALASI

DINAR

DONG

GOURDE

INTI

KRONE

KYAT

LEK

```
L B L Y D K I X A U U L W O K
U E E E I T H A T S B D Z U S
K B T L N W N L Y E I H L D M
A S A I S A X M E N R Z O U E
K R M L H H I T A N R E T T A
I M S A B F I R Q M O G Y A C
R S L N S O J L A O E R Y N T
G B H G A N A N L H Z I K G X
U S T E T K A Y X I F F Q U Y
T T H N Z T F R I U N U O L L
P A X I N M E A R U G G L T D
Q G Y I S A L A D E G X Z R C
V E L K L E O N E G I U M U J
R E N M I N B I G N O D O M U
A Q W H X E D R U O G X W W M
```

LEONE

LEV

LILANGENI

MANAT

NAIRA

NAKFA

NGULTRUM

OUGUIYA

REAL

RENMINBI

RUFIYAA

SHILLING

TUGRIK

ZLOTY

CANINE FRIENDS

BASKET

BITCH

BITE

BONES

BREEDING

CHEWS

COAT

COLLAR

COMB

GROOMING

HEEL

HOWLING

LAPDOG

LEAD

MUZZLE

OBEDIENCE

PACK

POOCH

SHOWING

TOYS

TRACKING

VET

WALKS

WHELP

```
P R H S P B H S I U H S B R H
K O J C P G E M U Z Z L E A W
S G O L T N R K C O M B W L G
B Y E C O I O O F E Z C A L N
Q H O B H D B B O K B Q L O I
W P Q T K E D J E M O V K C W
L J C C U E E L G D I T S D O
Y V A L N R L A N R I N T L H
A P C D E B R P I R Z E G E S
U S A O G E T D K L K I N F W
H A B Z A Z H O C S R S Z C W
B S J O J T Z G A D L E A D E
J U X W E K O B R V D T T X B
G N I L W O H E T I B T X E X
F Z V P R S Y C H E W S V O V
```

TIGHT SPOT

AIR

AS A TICK

BACK

BARREL

CASK

CONTEST

CORNER

ENDS

FITTING

HEAD

HOLDING

HUG

KNIT

LACED

MONEY

```
E M O K X J B Y D O Q U D T J
D R T P S V M A G C R G I R C
T A F N X A W U F B U E D I F
Y E S D N E C Y X H G Z T A N
A F B A R R E L N J Q Y G A O
I I O E Z E E U Q S L A X D W
N T T H K N I T N A T A H T N
U T S U R I G S S M G O C Y U
H I E U M S B A C K L D T E R
B N T O P B T W R D S I D E D
D G N G S I R R I T R K N D S
D E O R C O H N E U V R I G U
Y J C K P M G S C T O G V N E
M M X E N S Z E T C C V X X W
A A X G M T S P T V Z H J H Z
```

ROPE

SECURITY

SHIP

SKIN

SQUEEZE

STRETCH

TURN

WAD

WATER

AROMATHERAPY

ALMOND

BAY LEAF

BLUEBELL

CAMPHOR

CHAMOMILE

CLOVE

ELEMI

ENGLISH ROSE

FRANKINCENSE

GALBANUM

GINGER

HONEYSUCKLE

LAUREL

LAVENDER

LEMON GRASS

MYRRH

NUTMEG

ORANGE

PINE

TEA TREE

THYME

VALERIAN

YARROW

YLANG-YLANG

```
L Y Z T U F S D A N O H H O V
L L M E E B L U E B E L L S W
Z A T A N A Q N X C I L S M R
E N N T U N I E C M W A U E F
S G X R T P T S E O R N D A A
O Y E E M I T L R G A N J L E
R L E E E Y E R N B E M Z M L
H A C C G R A O L V Y Y Y O Y
S N A O G Y M A A R L H T N A
I G M Z R E G L R A T Y D D B
L C P R L A C H A M O M I L E
G L H F R A N K I N C E N S E
N O O M G I N G E R B E P S C
E V R W A V A L E R I A N R Y
K E L K C U S Y E N O H S E I
```

CRUISE SHIPS

ARTANIA

ASTOR

AURORA

CELEBRATION

CENTURY

CORAL

ELATION

ELLENIS

FREEWINDS

GALAXY

HENNA

MAASDAM

MARINA

MERCURY

NORWAY

OCEANIC

ORIANA

ORION

RIVIERA

RYNDAM

VAAL

VAN GOGH

VENUS

ZENITH

```
L A W A Z E S O K A S W U A H
A I I H N N K N Z D H Y M R T
E A S N O N V E N U S A C E I
V U C I A U E I T U R W H I N
D R R E N T W H T I U R O V E
C O A M L E R B N K E O Y I Z
E R K Y E E L A T I O N X R G
N A G R R R B L M A A S D A M
T D F C A J C R E P N N L N D
U L Y C C C Y U A U J A O U L
R O C E A N I C R T X X I A G
Y L H E D S G E E Y I T R R R
Z A A A I Y T V A N G O G H O
J E M A U T G O P D C C N D M
B O M E V E O G R Z M P C W T
```

TAIL ENDINGS

BLACKTAIL

BOBTAIL

BRISTLETAIL

COATTAIL

CURTAIL

DETAIL

DUCKTAIL

ENTAIL

FANTAIL

FISHTAIL

HAIRTAIL

OXTAIL

PIGTAIL

PINTAIL

PONYTAIL

```
L I A T X O A F T A I L L M P
I L I A T R I A H H I I I L O
A U P G O S T A I L Z A A I N
T H B B H D W R P X L T T A Y
W W L T R P U W I I F N G T T
O H A I I I L C A N G E A R A
L I C A A N S T K U G T W U I
L P K A L T T T X T Q T A C L
E T T T I A W N L R A N A I N
Y A A L O I P O A E E I A I L
S I I C X L M T L U T T L M L
L L L B O B T A I L E A A I X
L I A T N A F B B D A Y I I J
G L S H I R T T A I L W F L L
T A I L L I A T N R U T S G T
```

RAT-TAIL

RETAIL

RINGTAIL

SHIRT TAIL

SWALLOWTAIL

TURN TAIL

WAGTAIL

WHIPTAIL

YELLOWTAIL

88 VARIETIES OF APPLE

BEN DAVIS

CAMEO

CATSHEAD

COX'S

DELCORF

ELSTAR

ENVY

FIESTA

FUJI

HAWAII

JAZZ

JONATHAN

KATY

LIBERTY

MACHEN

MUTSU

PAULA RED

PINOVA

PIXIE

SANTANA

SONYA

SUMMERFREE

TOPAZ

WINESAP

```
D D O H E B F N J E K R Z L I
T I L T Y E T T O P A Z Z I U
S H Z W O S R J D T D N A B P
A A M E I O O F S E K E J E I
Z W M F L N C L R M L H A R N
M A U S A Y E A Q E N C M T O
C I F T K A B S T J M A O Y V
B I H F I E S T A S T M Y R A
E A B L P V W G N P H K U T F
N F E N V Y M D A H C E Z S A
D E R A L U A P T R Y C A J J
A C H F S R Q E N T O L G D W
V U L T X J H B A X E I X I P
I A U F U J I K S A P Y K Z Z
S M C S Q H M P I A A V N D R
```

PLAN

AGENDA

DESIGN

DIAGRAM

DRAFT

FORMULA

FRAME

IDEA

MAP OUT

MASTERMIND

MEANS

MISSION

ORDER

PLOT

PLOY

POLICY

ROAD MAP

SCHEME

SHAPE

SKETCH

STRATEGY

SUGGESTION

SYSTEM

TACTICS

WAY

```
S E M E H C S R M E T S Y S K
U H Y K Y E J A O Z Y G K L T
P N A X F A C R K G E E D O O
S V A P B X W E C T T M I Q L
U Y D M E V Z D A C O A A W P
G T U O P A M R H S N R G E N
G L S X Z O T O C W A F R C F
E R N O I S S I M L G O A H A
S A E D I D T N U L A J M T Y
T D M G E C X M N D T F A R D
I N S S A E R S M F K S T N M
O E I T N O N A Y C I L O P Y
N G Z N F A P I A K E W K O U
N A O Y E I O X F V U H L K Z
D N I M R E T S A M D P M Y B
```

SHADES OF GREEN

ARMY

BRIGHT

BRUNSWICK

CHARTREUSE

FERN

FOREST

GRASS

HARLEQUIN

ISLAMIC

JADE

KHAKI

LEAF

LIME

MALACHITE

MINT

```
I I U R E S I O U Q R U T E P
K C S L K C I W S N U R B I C
A O I V R S P M O Q B Q S H U
H N S G L A E L W R I T A J T
K N B A R E I F I J A R A V N
Y S M I L V Q G B C T D G N I
E I S I E M H F H R E G Y I M
C M B A R T X I E T G Z Z U J
W B I L R L O U I X A V V Q F
T X Y L O G S H V H S S F E K
Y S T M S E C L D X P Z M L R
N M E B O A F E S R F X N R E
A C R R L S J S I E M A K A X
T J O A O T S N R Z F T E H S
N I M E B F G N E R R A Q L G
```

MOSS

NILE

OLIVE

PARIS

PISTACHIO

SAGE

SORREL

SPRING

TURQUOISE

DENTISTRY

BICUSPID

BITE

BRACE

BRUSHING

CALCULUS

CHAIR

CROWN

DECAY

DENTIST

DRILL

ENAMEL

EXTRACTION

GUMS

HYGIENIST

MOLARS

MOUTH

NURSE

ORAL

PLATE

POLISH

ROOT

TARTAR

TOOTHPASTE

ULCER

```
R P G O D E E N A M E L E L T
E Y R Q O D K M E S D X I S C
E T S A P H T O O T T E I F V
H S I L O P N W O R C N E T P
Y N A X D L Q B A A E U S S J
O T Y Q Y X Q C R I B E O I N
E Y B A M B T B G W A A O T F
R A R Q M I S Y O E S R U N N
U C U Y O C H Z R R Z M B E T
U E S N L U S R A L O M X D A
O D H L V S H H L U L O B B R
K X I G U P D F T N E I T E T
K R N U R I A H C L T P C S A
D P G M Q D K P S E Y L P Y R
F K W S U G S S U L U C L A C
```

LOVING WORDS

AMOUR

ANGEL

APHRODITE

CUPID

DARLING

DESIRE

DOTE

ENGAGED

EROS

FAIREST

FRIENDSHIP

HANDSOME

HARMONY

IDOL

INFATUATION

KISS

LOVER

REVERE

ROMANCE

SUGAR

TRUE

VALENTINE

VENUS

YEARN

```
N R A E Y Y V A L E N T I N E
T F Q S F E N E D E G A G N E
I A I D O L T O N N S B I U Q
L N N R W O U I M U Y L R N K
V V F G O T K Z D R S T S P Q
M E P A E P H C F O A K I G V
U S T G T L J A U H R H Z A F
N E C O P U I V N P S H X E R
B O C K D R A D M D I C P E T
T S Q N E X O T N W S D V A E
G R O S A F S E I S Y O A A R
A Z T R V M I M U O L U M A I
E R E V E R O G N V N G O E S
S S I K F D A R L I N G U V E
L Y P A V R O C Q I E A R A D
```

NARROW THINGS

BEAM

CLEFT

CORD

CORRIDOR

CRACK

CREVASSE

ESCAPE

FLUME

GLEN

GROOVE

LANE

LEDGE

LINE

PATH

PIN STRIPE

RAPIER

RAVINE

RUT

SHAFT

SHELF

SPLINTER

STRAP

TAPER

VEIN

```
E W E D P Y K N F D T G X C C
V N K Z T A R A V I N E L E S
O V I N Y U R T F E L C N E W
O C E L T G J T R P J X Z O N
R O D I R R O C S I F L E H S
G R H C N Q Y T U N N L M U D
Z D Z T Z K C M Y S W A U N L
S N E L C K Q E P T S R L Y Y
S S H A F T S L E R E P F Q P
E O R R C S I G N I S O S T C
Q C R K A N D L P P C P X A R
Y E S V T E K A L E A P A E M
P N E E L U R N P N P D P T L
M R R A K T T E X B E A M Q H
C U S O T J X H S Y T I Y I V
```

LUMPS AND BUMPS

BALL

BOLUS

BULGE

BUNION

CHUNK

CLOD

CLOT

CLUMP

CLUSTER

DOLLOP

GNARL

KNUR

MASS

NODE

NODULE

```
I  O  K  P  N  P  Y  W  B  Z  Q  F  H  Y  R
S  U  L  N  O  T  A  U  D  U  V  U  R  S  U
T  U  T  Q  I  D  U  P  P  O  L  E  C  W  N
M  W  L  A  N  D  T  B  I  X  L  G  W  E  K
B  M  W  O  U  B  P  C  E  L  T  C  E  L  N
U  K  P  W  B  A  I  L  Y  R  L  Z  T  L  F
L  P  H  R  K  L  M  U  I  B  L  A  R  I  C
S  S  A  M  O  L  P  M  E  L  U  D  O  N  L
C  F  Q  K  F  J  L  P  X  L  P  N  B  G  U
L  G  O  E  G  D  E  W  F  D  Z  A  O  F  S
G  N  A  R  L  C  M  C  E  Y  O  T  H  D  T
O  Q  O  F  H  E  R  I  T  V  F  L  A  N  E
T  S  G  U  P  C  L  O  T  I  B  C  L  T  R
E  C  N  E  C  S  E  M  U  T  O  S  U  O  I
U  K  M  Q  E  D  H  U  U  H  L  N  D  E  P
```

PAPILLA

PIMPLE

PROJECTION

SLUB

SWELLING

TUBER

TUMESCENCE

WAD

WEDGE

WORDS ENDING EX

ANNEX

APEX

AUSPEX

CAUDEX

COMPLEX

CORTEX

DUPLEX

GOOGOLPLEX

IBEX

INDEX

LATEX

MUREX

PERSPEX

POLLEX

PONTIFEX

REFLEX

RETROFLEX

SIMPLEX

SUSSEX

TELEX

TRIPLEX

UNISEX

VERTEX

VORTEX

```
E M X E X R E X G X E W I E X
V X V K X E I S E W H X B X X
V S O E I Q L F X E X E L E E
X K R X R X I P Q X F X J R P
E T T S F T E T M O E E I U S
L X E X N X E L Z I N L X M R
P E X O E L E X P W S P L R E
L G P K E T C T W I N U Q O P
O H E X Z A A W R W R D X X P
G U V G U X E L F O R T E R P
O I N D E X K X X E C B S A X
O Z E N K E X N F P I G S L E
G X N I J X E L P M O C U Z R
O A P E X V E V C X E P S U A
U N I S E X F X E N B D E X R
```

CONTAINERS

BASIN

BATH

BOWL

BOX

BRIEFCASE

CHURN

DISH

FLOWERPOT

HAMPER

JUG

KEG

LOCKER

MAILBAG

PACKET

PURSE

```
E S A C F E I R B A N B T N Z
O H J G T T G M A R G B A N Q
P S T Y T Z T W U M C H Y T N
B I A X R S Y H B N E J A K H
A D R O M A C E W O W K G E R
S A E B B L U A B A W M I C E
I R Y E G E N Q B H L L U N L
N E S P S I H N I B A L V D B
T O P R E W O L F L A M E B M
G H U T C O O V E L E R P T U
U P S J X C R E W E T R D E T
J P A C K E T M A I L B A G R
D L F E G A N A C H S A R T K
E J R E L C A T P E C E R N E
S U G A H P O C R A S I S E G
```

RAMEKIN

RECEPTACLE

RELIQUARY

SARCOPHAGUS

SCABBARD

STEIN

TRASH CAN

TUMBLER

WALLET

PRISONS

ALCATRAZ

ARMLEY

ATTICA

BANG KWANG

BEAUMONT

BUTYRKA

DEVIL'S ISLAND

EL RODEO

FOLSOM

GARTH

GITARAMA

GLDANI

HEWELL

HOA LOA

KAMITI

```
W Y B N A R E A F M S B V W D
T O T Y E F R Y I O E N Y N E
W G L E K M K A T A L M I E V
A N O D L S F A U R O S R W I
M A S E S R N M M T R O O T L
A W Y T Z G O U T I B U A M S
R K S T K N D D L B T D R T I
A G A W T J A Y E O M I Y Z S
T N A R Z C Z N K O P A E A L
I A S O I H I G R A L M H R A
G B Y T B S L L O R E P I T N
A M T F L D M L U R A S L A D
R A B A A F A P R A L E L C N
T A N N E O N L L E W E H L S
H D I S H A K R Y T U B T A E
```

POLUNSKY

RANBY

RISLEY

ROBBEN ISLAND

RYE HILL

STYAL

TADMOR

WOLDS

WYMOTT

WORDS WITHOUT RHYMES

ANGRY

BACHELOR

CHAOS

CHIMNEY

CIRCUS

CITRUS

DANGEROUS

DEPTH

FILM

GOLF

```
S O A H C G Z E R T I Q E M A
C D M K K M T C O H Q B W M G
K E A F I D I I L R F I L M C
G I N N E Q L F E Z A G H S H
C G C P G E V F H S S N H I I
V I T P T E X O C C I X G R M
G H R B D A R O A R X M M E N
N K C C K I A O B M T Q O N E
I V C E U N U W U L H P G R Y
H F L O G S S Q F S I L L H P
T F X R D U N W I L P G J F V
E H Y Y R D N U A L V W E B S
M V I T O L M E L B O R P Q L
O O I M Q J A V E L I N W J K
S C E C U N G L F X N A M O W
```

JAVELIN

LAUNDRY

LIQUID

OBLIGE

OFFICE

ORANGE

PROBLEM

PROMISE

SIREN

SIXTH

SOMETHING

TOILET

WOLF

WOMAN

CAKES

ANGEL FOOD

BATTENBURG

CARROT

CHEESE

CHERRY

COCONUT

COFFEE

CURRANT

EASTER

FILLING

FRUIT

GINGER

LAYER

LEMON SPONGE

MADEIRA

MARBLE

MIXTURE

MOCHA

MUFFIN

POUND

RAISIN

SAFFRON

SCONES

WEDDING

```
S E D E G N O P S N O M E L J
A H C O M F A R D E T A N A V
F E H T C U R R A N E W E V W
F Y R T O A E L Y P U E P E K
R G I L T R E R W Z F O D D T
O R S E L B R A M F E D P C R
N U T B G E S A O J I O Y H C
G B M Y H E E C C N A O R E O
K N T C O R N G G L M F E E C
M E I F Y U O Y N A A L G S O
U T U L O T C I D Y D E N E N
F T R N L X S N G E E G I U U
F A F R I I K V R R I N G M T
I B E R A M F C U R R A N T A
N E F R R E T S A E A G N I G
```

100

ARREST

BLOCK

BOOK

CAPTURE

CATCH

CHECK

CUSTODY

DELAY

DETAIN

ENGAGE

FIX

HALT

HOLD

IMPEDE

INHIBIT

OBSTRUCT

```
S O E R U C E S I K C L A M M
T Q K S R A P R I S O N J V Q
E T B V K T M A H O P R H P F
M U L E L C B L O C K F Q K E
X I F A N H A H L C H E C K N
O R J W H G L P D P V L M G P
A E F O F L A P T I B I H N I
W S B B A P T G U U Q F B M C
T T Y T S B C S E J R K P Z K
X R S D O V U T Q P Z E J Y U
F A S O O W R A D Y D M A B P
T I K E S T T Y Q E S L M T G
S N J P O T S X M M E D A R O
K M G P Y W B U X D P K K G R
N I A T E D O P C G E V P U V
```

PICK UP   STAY

PRISON   STEM

RESTRAIN   STOP

SECURE   TAKE

STALL

THINGS THAT CAN BE LOST

BETS

CAR

CAT

COURAGE

DIGNITY

DIRECTION

DOG

ENTHUSIASM

GAME

HEARING

HOPE

KEYS

LIVES

MONEY

PLACE

```
N O I T C E R I D E C A L P A
W Q V S F B X G H C U O T U E
O Y O U T H F U L N E S S R S
L X N M X G U R G J S P M S T
D I Z Z S P W A L L E T C E E
C V V W C A M K T I M E U A B
T A G E C E I T X N K A G Y T
Q B N H S A D S F T P B I B Y
S M I O M F R K U G D Q S K Y
W N R P U S E S P H Z Z J T D
M N A E I D D D R Y T M I J G
C F E G O D I Z O E E N D B P
W R H C O U R A G E G N E G U
A T K E Y S P E R I Q A O S Q
B E B I R T S X D V W R W M C
```

PRIDE

PURSE

SIGHT

TIME

TOUCH

TRIBE

WAGER

WALLET

YOUTHFULNESS

SPRING BOUQUET

ALLIUM

ANEMONE

AURICULA

BLUEBELL

CAMELLIA

CELANDINE

COLTSFOOT

COWSLIP

CROCUS

DAFFODIL

FORGET-ME-NOT

FOXGLOVE

FREESIA

IRIS

LILAC

LILY

MUSCARI

PANSY

PERIWINKLE

RAMSONS

SCILLA

SNOWDROP

TULIP

VIOLET

```
E  S  C  R  V  A  C  N  K  F  C  B  E  D  C
R  N  E  P  Q  A  N  E  M  O  N  E  L  A  X
L  O  L  T  I  L  V  A  S  C  F  I  L  X  A
L  S  A  E  H  L  P  F  O  Y  D  I  S  E  U
E  M  N  L  H  I  S  L  R  O  L  U  U  V  R
B  A  D  O  Z  C  T  W  F  W  C  P  A  O  I
E  R  I  I  W  S  D  F  O  O  Q  I  E  L  C
U  A  N  V  F  D  A  Q  R  C  L  Q  I  G  U
L  H  E  O  M  D  R  C  P  L  W  R  N  X  L
B  W  O  C  Z  R  X  O  E  T  A  P  S  O  A
Z  T  Y  S  N  A  P  M  P  C  I  I  B  F  L
F  R  E  E  S  I  A  A  S  L  R  M  T  S  L
N  U  I  B  L  C  L  U  U  I  Y  L  I  L  I
D  F  T  O  N  E  M  T  E  G  R  O  F  E  U
A  S  U  E  L  K  N  I  W  I  R  E  P  A  M
```

GREEN THINGS

APPLE

BAIZE

BEANS

CARD

CAULIFLOWER

CHLOROPHYLL

CLOVER

ENVY

EVERGREEN

FINCH

FINGERS

FLY

FROG

GRASS

IGUANA

JADE

LAWN

LEAVES

LETTUCE

MINT

PEAS

RUSHES

SAGE

SPINACH

```
V F O F B S H C A N I P S E S
S A G E E D A J V U X X T Z A
L V A W T E A P N A C F J I E
T N I M C E G E P H R R U A P
S W S E V A E L L L O F B O
G A F M J R U O Q Y E G I Q Y
K L D E G V R L D C V E N E A
M S V R V O X R I Y S P C S N
X A E P P D J Y U F T H H S A
G V W H R G X V I S L M E A U
E C Y A W D P N I I H O M R G
Z L C N O F G E X B A E W G I
L N N H L E T T U C E X S E F
N E G Y R V B G Y C L O V E R
G E H S Z J O A J P L V P S D
```

GOODBYE

ADIEU

ADIOS

AU REVOIR

BE SEEING YOU

BON VOYAGE

BYE-BYE

CHEERIO

CIAO

DESPATCH

FAREWELL

GODSPEED

GOING AWAY

GOOD DAY

GOODBYE

LEAVING

```
B Q J I E D E E P S D O G Q B
F R U F A L B Y G O O D B Y E
G N I V A E L J B E B C F G E
Q R Q U P Y C E W E D T A T A
O I I M O H A P W O Y Y E A S
G D E O E Y S W O E O B V V E
S J E E V E G E A V R U A S T
R A R S N E L N N G E A W O T
C I Y D P D R O I I N D F L I
O I O O O A B U D E F I M O N
E F K O N K T A A Q E O O N G
F N T E Y A J C D C M S U G O
L Y D V H Y R A H I G R E L F
M P I R T T N A S A E L P B F
J I P A R T I N G O O D D A Y
```

PARTING

PLEASANT TRIP

SAYONARA

SEND-OFF

SETTING OFF

SO LONG

TA-TA

TOODLE-OO

WAVE

E BEFORE I

ATHEIST

BEIGE

BUDDLEIA

CONCEIVE

COUNTERFEIT

DEITY

EIDERDOWN

EISENHOWER

HEREIN

LEIBNIZ

MEISSEN

NEITHER

NIKKEI

OBEISANT

ONOMATOPOEIA

OSTEITIS

PROTEIN

REIGN

ROTTWEILER

SEINE

SKEIN

VEINS

WEIGHT

WEIRD

```
E W O N I K K E I E P T T Q A
V N G I E R E S W E X I R I F
I B V W Q S E I I C E E E A D
E G I E B U S S Q F L L O S E
C J I U H E E I R I D N S A I
N E P X I N O E E D O C T R T
O P Q N H O T W U M T H E E Y
C N E O S N T B A N E A I H N
V I W M U T D T A I O D T T I
N E H O O T O S S E E R I I E
R T C R C P I T H R D I S E K
I O B S O E N K D E V E I N S
E R H E B I F O O H V W E P R
A P I O L N W E I G H T W M F
O A K Z I N B I E L N X D X S
```

VARIETIES OF GRAPE

AGLIANICO

BUAL

CARMENERE

CATAWBA

CHARDONNAY

CINSAUT

CORVINA

EHRENFELSER

FIANO

FREISA

FURMINT

GAMAY

GRENACHE

MALVASIA

MERLOT

OPTIMA

ORTEGA

PICPOUL

PINOTAGE

SEYVAL

SYRAH

TEMPRANILLO

VERDEJO

VIURA

```
Q A C E Y A N N O D R A H C R
R N A G O L A G R E N A C H E
E I T A A L G V M T R O D W J
S V A T W M L L N Y M P A G F
L R W O Q A I I S B O D W B R
E O B N X L A T N L N L P I E
F C A I D V N C P A A U F L I
N R N P I A I I T O R O U A S
E M O U Z S C N C E Q P R V A
R J R J O I O S Y F O C M Y G
H A A N E A L A X P R I I E E
E Z A E G D M U S U B P N S T
J I F K C A R T P J H U T V R
F D X Z G E R E N E M R A C O
M E R L O T H Y V A V Y C L W
```

DREAMS

ALIENS

CHASES

CLOUDS

CROWDS

EATING

FAILURE

FLOATING

FLOWERS

FORTUNE

GETTING LOST

HAPPINESS

MONSTERS

MOTHER

NEW JOB

RICHES

SCHOOL

SHEEP

SINKING

STARDOM

SUCCESS

SWIMMING

TRAVEL

WEALTH

WORK

```
V M E R I N G A R L M E R E M
S U M P L E T E R O I N M E A
Z W K R O W N E D O D U O A G
S R I G I E K R A H F T N T N
D D K M W C A P F C A R S I I
H N W J M T H L W S I O T N K
A L O O S I O E N E L F E G N
P B E U R A N E S G U L R F I
P E A V T C I G N I R E S L S
I S E I A L D I M Z E C T O S
N H N H A R T O H A H S O W E
E G I U S T T W E A L T H E C
S E S G E H E D S N E W U R C
S A M G E H R E R D A J E S U
P E R R C I S E D C L O U D S
```

TIMBER

ALDER

ASH

BALSA

BAMBOO

BIRCH

CEDAR

CHERRY

CYPRESS

DEAL

EBONY

```
K C E T K A O E T I H W F A N
W H E Z M L P S I K I X A Q A
N Q Q D A D A F A L P R F S V
M Q E S A E I O L P M H S H H
O A L J T R D O L A E E I S H
L A H Y S E W S P M R L V B Q
B N Q O R Y Q L L P B G E T D
N X B P G Q E O Y R A S B O J
F N I A U A C C N T U R O R N
K N C K M K N O K D W W A Q N
E A A H W B L Y P A A L E N X
D F E C E I O W S R L Y B I A
I P D T Y R N O B U N W O X X
X A X D A C R E Y X U I N Q A
H O Q T S H Z Y I G T U Y I B
```

HEMLOCK

MAHOGANY

MAPLE

MERBAU

PARANA

PINE

RED OAK

SAPELE

TEAK

WALNUT

WHITE OAK

WILLOW

YEW

ZEBRAWOOD

EARLY

ADVANCE

AHEAD OF TIME

APPROACHING

BEFOREHAND

DAWNING

DAYBREAK

EMBRYONIC

FIRST

FORMER

FORWARD

FUTURE

IMMINENT

IN FRONT

IN STORE

INCIPIENT

INITIAL

ORIGINAL

PREVIOUS

PRIOR

READY

TOO SOON

UNRIPE

UPCOMING

YOUNG

```
S K X B E F O R E H A N D U L
D P R E V I O U S H J B P I G
J L A I T I N I E T D C N G C
T F H R R S Q A N A O C N W I
O U E P V X D E Y M I I U N D
O T W G Q O N B I P H B F D R
S U C E F I R N I C S R A V A
O R W T M E G E A Z O W I N W
O E I M A B N O P N N N F I R
N M I K J T R I T I S O X R O
E Y U P D P M Y N T R U Y E F
U W U A P Q X G O M I N O A T
A D V A N C E R E N U N U D Q
T S R I F X E R N T I D N Y L
F Q L A N I G I R O T C G T V
```

KING ARTHUR

AVALON

BEDEVERE

BLEOBERIS

BORIS

BREUNOR

DAGONET

DEGORE

EXCALIBUR

GARETH

HECTOR

ISOLDE

KAY

LIONEL

LUCAN

MORGAN LE FEY

NIMUE

PALOMEDES

PELLEAS

ROUND TABLE

SAFER

SORCERY

TRISTRAM

UTHER

WIZARD

```
D A R Q Y S I R E B O E L B U
U P M R P R L I O N E L J U E
R H A O O A E U M I N P G D S
U E R F R N P C W L T Y L U A
B C E O A G U B R T U O P H E
I T H E U I A E V O S C T G L
L O P S R N J N R I S M A I L
A R J K E E D M L B N Y T N E
C L B K C D V T A E V X C W P
X S N R E R E E A R F H N D S
E I H L E A Y M D B T E R E I
Z D R A Z I W L O E L S Y G R
N Y V Y U T H E R L B E I O O
A V A L O N E A J S A F E R B
I Z D K D A G O N E T P U E T
```

UNDER THE GROUND

BUNKER

BURROW

COAL

CONDUIT

CORM

CRYPT

GOLD

GRAVE

HADES

MAGMA

MOLE

POTATO

RHIZOME

RIVER

ROOTS

SILVER

SUBTERRANEAN

SUBWAY

TRUFFLES

UNDERPASS

VAULT

WARREN

WELL

WORM

```
N S O Z L Q W G A U P L L V X
F A I L C X N C R O C A E P W
N S E L F F U R T H C O R M S
E W F N V A C Y A N I C Z U S
R L K C A E U P X C G Z L J A
R D O T Y R R T O T A T O P P
A S Z M J P R N W T Q E X M R
W R V B A S D E W O V P N Z E
E R E C F U G B T E R G Q F D
N M E K I L U O L B V R G R N
V H M T N C A R L S U A U M U
A Y A P T U I Q T D J S R B M
U O G D U V B O S T O O R G V
L K M B E U Z S Y A W B U S J
T D A R L S Z Q J Q E M F B E
```

EXTINCT CREATURES

AKIALOA

ATLAS BEAR

BLUE ANTELOPE

BLUEBUCK

CAPE LION

DODO

EASTERN
    COUGAR

EASTERN ELK

EZO WOLF

GIANT SLOTH

GOLDEN TOAD

HONSHU WOLF

HUIA

IRISH ELK

KAKAWAHIE

```
N P T E R O D A C T Y L V G U
E U P R P E I H A W A K A K D
R E Z O W O L F M O A N A O I
W A Z R A O L A I K A E D Z P
S S I R I S H E L K B O H G K
N T M S O K U I T S C J O I C
Y E A A R K I V O N C R N A U
W R M I S X A R Q P A A S N B
D N M Q N T G X I S P E H T E
L E O R U A O O Q R E B S U U
A L T D N A P D A K L S W L L
Y K H O K I G T O S I A O O B
V C K E O Z C G D N O L L T T
G O L D E N T O A D N T F H N
E A S T E R N C O U G A R X L
```

KONA GROSBEAK   PTERODACTYL

MAMMOTH   QUAGGA

MASTODON   TARPAN

MOA   YALDWYN'S
                    WREN

PIOPIO

FAMOUS NEW ZEALANDERS

AITKEN

ALDA

ALLEY

ATACK

BOWEN

BRITTEN

BUCK

BURCHFIELD

DICKIE

FRAME

```
N O S D U H E D S N I K L I W
A B H E B V I N X A E C A A G
Z U B O J C K D A M D W V P Z
Q R W M K D Y W H R I O O A M
N C B I A M O I A C M N D B O
E H E Q W H L P Y E L L A P R
T F N G U L P N E R A L C M T
T I E A A E V U E M A R F E O
I E N R H G N I R E K C I P N
R L Y S P T H R D D E H B T B
B D V I L M A P E A R S E U X
E C O T S E A N P A R K C Q C
Y K C A T A Y Y C D A K M A U
W K A V C N K N E K T I A Y Q
G O D W A R D E O H P T E R T
```

GODWARD

HILLARY

HUDSON

MCLAREN

MORTON

NATHAN

PARK

PEARSE

PICKERING

SHEPPARD

TINSLEY

UPHAM

WAKE

WILKINS

VALENTINE

ADMIRER

BEAU

CARDS

CHAMPAGNE

CUPID

DARLING

DEAREST

DREAMER

EROS

FLOWERS

GIFTS

GUESS

HEARTS

HUGS

KISSES

LOVERS

PASSION

POETRY

ROMANCE

ROMEO

ROSES

SECRET

TENDER

WISHES

```
D V H H S F Z R G R R W S L Y
L F Y T O L G U E S S F E O R
O Q F H A O E M H D F G S V E
I I U R M W A U P T N S O E M
G G R P B E Z A S G D E R R E
S N S P R R S E B W D C T S O
S J W D P S R B I Y V R Z U E
L N Q Z I A E S E W R E K C X
N L C O E P H S I U N T N L S
N A N D U E U H S X O A E D K
U L Z Q S O E C S I M E R O S
C H A M P A G N E O K A M N P
A D M I R E R C R M C B M O S
G C Z T D A R L I N G D I N R
G R S E O T N M Q S W Q C V V
```

GARDEN POND

ALGAE

BACTERIA

BRIDGE

BULRUSH

CARP

CLARITY

DESIGN

GOLDEN ORFE

GRAVEL

INSECTS

KOI

LINER

MINNOW

MOSQUITO

NYMPH

PEBBLES

POOL

PUMP

REFLECTION

RIPPLE

SKIMMER

TUBING

VACUUM

WATERFALL

```
G P H N U D T W P R J O P V Z
H B A C V S Q Q G N I B U T R
S A E T D E Q M M G G P M G E
U C V C G K U Y I C H J P O F
R T B D V U S B E R E N I L L
L E I M C K H H O Z T H C D E
U R Z A I K O W M J P L L E C
B I V M I N N O W M A L E N T
Z A M C Y R I J Y R N A V O I
P E B B L E S N I Q G F A R O
R A C B R Z D T Q L I R R F N
A L K P Z I Y N A W S E G E X
C B K R U G D P I Z E T X U P
Z V M O S Q U I T O D A T S D
P O O L I N S E C T S W N P S
```

GOOD START

AS GOLD

BOOK

BREEDING

CHARACTER

CHEER

CONSCIENCE

DEEDS

ENOUGH

EVENING

FAIRY

FAITH

FEELING

GRIEF

HEALTH

NIGHT

SAMARITAN

SENSE

SPIRIT

TASTE

TEMPERED

THINKING

VALUE

WEATHER

WORKS

```
Y P G Z G N I K N I H T E M Y
Z H L W L R H D M S G L T F I
C O N S C I E N C E U B A G A
F Y E P M D E E D S O U O C Q
E L P I B R E E D I N G W O H
E H L R H Y R N C G E X E E K
L S A I U E A H N T C C A Q P
I M A T P B A I S D F L T C Q
N N G M S R N A L M T M H F J
G X E E A E T O W H F E E A X
O T N C V R G Y X O E I R I S
Y S T E G S I C R R R J Y T U
E E U L A V U T O G K K M H S
R A H R X S W J A Y W W S P H
U E H B F T H G I N Y R I A F
```

WORDS STARTING ART

ART DECO

ART FORM

ARTEL

ARTEMIA

ARTERIAL

ARTERIOGRAM

ARTERY

ARTFUL

ARTHRALGIA

ARTHRITIC

ARTHROGRAM

ARTHROSIS

ARTHUR

ARTICHOKE

ARTICLE

```
A R L B N C K N A S I T R A M
R A C E H A I M E T R A A S M
T Y A R T I S T R Y D R M T K
I A R T H R O S I S A A A R Y
O W C E Y A A H E R R R A T
D A R T T I R J K G H V T E R
A R T F O R M T O E J T E T A
C L A I G L A R H T R A R R E
T A A R F A H D C U K T I A L
Y R R I T T R Y I G R T O W C
L T G T R D A T T A R T G K I
A R T A L E E A R T W O R K T
N W A R T E T C A R D A A C R
L U F T R A S R O T R A M R A
F S I O T R A S A R T I S T E
```

ARTIODACTYL

ARTISAN

ARTISTE

ARTISTRY

ARTLESS

ARTOIS

ARTS

ARTWORK

ARTY

PLAYING CARDS

ACE HIGH

BIDDING

BLUFF

CHIPS

CLUBS

DECK

DEUCE

EIGHT

EUCHRE

FIVE-CARD TRICK

```
G Z R K F E K K M T L K P V T
E P K I G F T C H Y Y C S V H
K D X T T N U G A P X E N G S
I C S T A V I L I J W D I S Q
H E I Y U E S R B N G H Z P I
F L K R K O J J O I E D S I G
G H B S T C E R H C U E T H U
N C K F T D U N A F S J U C T
I O F Y E U R L E C U E D R N
D N K K I N G A N Q Y T P S E
D I Q L O Y U N C U W E O B N
I P L A Y E R S F E N U K U O
B W C Y H H X Y D E V Q E L P
R E D O U B L E Z N X I R C P
I F G R A N D S L A M P F A O
```

GRAND SLAM   PINOCHLE   ROYAL

JACK   PIQUET   SCORING

KING   PLAYERS   STUD POKER

KITTY   QUEEN   UNLUCKY

OPPONENT   REDOUBLE

MORE OR LESS

ABUNDANT

FEWER

FRESH

INSUFFICIENT

MAJORITY

MASSES

MINUS

MULTITUDINOUS

OODLES

OTHER

```
S U O N I D U T I T L U M P Y
F E X F L T V M T F M R F R T
L R Y R E H T O V P K E D A N
U A E T S S E Z T Q W N L P E
F P V S N B K E S E U O G U I
I S C S H A E C R S Y D S K C
T D H U S N C G A T M E U A I
N X A O P I U S N T N T N E F
E Y T I R O J A M O S A I S F
L J Z R C T D S M H C E M E U
P Y R A T N E M E L P P U S S
Y S L V U T O P G L E E R S N
P R J B E C R A C S D R C A I
W T A Q N W X M K T L O A M O
I N S U L P I C I E N T O R U
```

PLENTIFUL   SCARCE   SUPPLEMENTARY

PLUS   SHORT   UMPTEEN

RARE   SPARE   UNCOMMON

REPEATED   STACKS   VARIOUS

SCANTY   SUNDRY

LISTS

AGENDA

BIBLIOGRAPHY

CENSUS

CHECKLIST

CONTENTS

DOCKET

INDEX

INVOICE

LEDGER

LEXICON

```
S Y I C T A D X M D O C K E T
T T X X E T X C A U Z H T D E
N R Z C E O Y D N S O E A C P
E Y E O H R V E I E O C B Q I
T A H G S Z M X F I L K L G C
N T D P D C K E E R N L E H E
O K N N A E C D S E O I W S R
C K N D E R L N T S I S H U T
E K O G R G G I X M T T O S A
R C C S P O A O R Y A M S N R
B T I Q S R S E I Y L Z W E I
E A X O O T C T I L U T H C F
W L E L V O J S E K B Y O K F
N L L Z R N Q T Q R A I D S G
S Y A D H F I Y N Y T G B T J
```

MANIFEST

MENU

RECIPE

RECORD

ROLL

ROSTER

ROTA

SERIES

SPREADSHEET

TABLE

TABULATION

TALLY

TARIFF

WHO'S WHO

BIRDS

AVOCET

BOBOLINK

CANARY

CHUKAR

CRANE

CUCKOO

DOVE

DRAKE

EAGLE

EGRET

FRIGATE BIRD

GOOSE

GULL

KITE

MAGPIE

MALLARD

MERLIN

PARAKEET

PIPIT

ROOK

SPARROW

STORK

SWAN

WOOD DUCK

```
N A W S T S L C D X C W A Y F
C V M P I P I T B T D I F X G
N O A K A D W O E R E A G L E
W C G E U X B E I D R K L N H
H E P X N O K B V R I U N V N
I T I J L A E W I A G L C I S
D S E I R T R S K L L A L X S
O S N A A A U C P L N R G L Q
V K P G K R U M K A E J F H C
E F I U J D D Y R M R X W U R
D R H T D D U Y O E W R C I N
F C W O E G R E T P S K O L A
V X O K O O R A S S O O D W S
V W H T J G V U K O A Y O W K
B X X P A U Z R U E E H Q G C
```

HARRY POTTER

AVERY

BASIL

BOGROD

DEATHLY
  HALLOWS

DERRICK

DOBBY

FIRENZE

GOBLIN

GRYFFINDOR

HAGRID

HEDWIG

HERBOLOGY

HOGWARTS

HOKEY

LUNA LOVEGOOD

```
R S T M U N G O S X I L W K O
D P T W G S U W J Z I I E Y D
X E O R J N E G R S X E W H I
K W A A A D I C A S K N O T R
C R L T N W O B R L H K A Z G
I R G O H Q G B N E E T Y D A
R X O O M L J O R Y T R P M H
R M D O B B Y B H E E S U E F
E N O T S L O H L V P G D B I
D R D J U L I O A A G W R O R
T E Z I O J I N G L I S A G E
V Z P G O V G G E G L T Z R N
G R Y F F I N D O R G O I O Z
L U N A L O V E G O O D W D E
E U G N O T L E S R A P Q S S
```

MOONDEW

MUGGLE

PARSELTONGUE

SECRETS

ST MUNGO'S

STONE

TONKS

VIOLETTA

WIZARD

COUNTRIES OF THE EU

AUSTRIA

BELGIUM

BULGARIA

CYPRUS

CZECH REPUBLIC

DENMARK

ESTONIA

FINLAND

FRANCE

GERMANY

GREECE

HUNGARY

IRELAND

ITALY

LATVIA

LITHUANIA

MALTA

NETHERLANDS

POLAND

PORTUGAL

ROMANIA

SLOVENIA

SPAIN

SWEDEN

```
S D N A L R E H T E N L Q H R
S G E R M A N Y J L I B L O O
C C C Y Y U I M A T I B Q L M
V U I T A L Y T H R E J A S A
O T L R F G V U E L C G Y U N
D Y B Y B I A L G D U R M R I
N A U D A N A I E T A S A P A
A I P J I N U R G N O L Y I
L N E A D M M O N T Q I T C N
N E R L R A P U V D S X A F O
I V H O R S H F V F N U R P T
F O C K B U L G A R I A A C S
L L E C E E R G H R N K L R E
R S Z W P D D I D C G I R O F
P W C R S W E D E N J S Q Z P
```

EASTER PASSION

ANGELS

ARIMATHAEA

BARABBAS

CALVARY

CROSS

EMMAUS

JOHN

KING OF THE
JEWS

MAGDALENE

NAILS

NINTH HOUR

PASSION

PETER

RISEN

SCOURGE

```
J  K  S  A  B  B  A  R  A  B  K  U  O  K  H
V  O  I  T  O  M  E  Y  T  C  F  W  S  N  G
M  E  H  N  H  G  R  T  R  H  N  M  O  K  N
A  G  H  N  G  A  U  O  K  A  O  M  B  O  J
G  R  S  Y  V  O  S  Y  I  P  I  R  I  C  A
D  U  U  L  I  S  F  L  E  S  U  S  N  E  T
A  O  A  S  N  G  S  T  T  O  S  N  A  S  H
L  C  M  A  E  C  E  C  H  A  N  H  O  E  I
E  S  M  M  G  R  Q  H  P  E  T  Z  S  B  E
N  A  E  O  A  W  T  A  X  A  J  T  Q  I  V
E  N  G  H  R  N  R  S  M  K  O  E  P  R  E
T  G  Z  T  I  I  M  I  P  N  K  B  W  C  S
T  E  O  N  S  Q  R  I  E  E  M  N  L  S  S
L  L  M  E  K  A  Z  L  X  O  A  K  X  O  O
N  S  N  M  I  O  N  I  T  R  Q  R  Y  R  A
```

SCRIBES   THOMAS

SIMON   THORNS

SPEAR   TOMB

STONE   VINEGAR

THIEVES

MADE OF LEATHER

APRON

BELT

BOOTS

BOTA

BOXING GLOVES

BRACELET

CAMERA CASE

CAR SEAT

CHAIR

COLLAR

```
U K N P Z B H G B O O T S H X
N M J V V O J P T E V H A M Z
L O M K L X D B L Y L N S B X
E M R S L I E U W A D Z O O I
D S T P A N G R S B F F Z W W
E E R T A G O I A H Y O C U T
R C O U A G E G S E D A S L M
H B Q G P L C L K J M U E T L
O J E I M O C O D E N B S E R
S G D S L V A A R D Q V H L E
E R P L G E I A R W A C O E R
N S A F H S C C R S T S E C E
S R X O Y A A D O A E I S A I
X L E A S H P J S C H A I R N
W W Z E S A C T I U S R T B S
```

HANDBAG   LUGGAGE   SATCHEL

HOLSTER   MUZZLE   SHOES

KEY FOB   PURSE   SOFA

LEASH   REINS   SUITCASE

LEDERHOSEN   SADDLE

HELP

ABET

ASSIST

BACK

BENEFIT

BOOST

CURE

EASE

ENCOURAGE

EXPEDITE

FUND

GUIDE

HEAL

LIFT A FINGER

NURSE

OBLIGE

```
B L D N U O R A Y L L A R O G
A F I E V E T I D E P X E B S
C H K F M O X U I U P H O L D
K P D E T M F Q U Y J D C I V
E R K S T A S S I S T D B G K
N O V R E T F M I E U Y E E B
E M R U B L E I N D P C U R E
H O J N A V S C N S N L F T B
T T N E E L O O I G K U S T E
G E H I K U C D U U E O Y P N
N U L X R E E I G S O R J R E
E E X A S W D E E B F O E O F
R L G S I E D R S P U D A P I
T E C T Q G V Y A U N U X U T
S R H X F E L D E V D X W P Y
```

PROMOTE

PROP UP

RALLY AROUND

RELIEVE

SECOND

SERVE

SIDE WITH

STRENGTHEN

UPHOLD

ARTISTS

BOLOGNA

BRAQUE

BROWN

COLE

DALI

DEGAS

DERAIN

DONATELLO

DUFY

DURER

T	I	V	D	U	R	E	R	D	E	L	C	V	J	N
I	O	R	K	E	R	I	O	N	E	R	M	O	F	I
C	T	X	M	U	F	C	S	P	N	G	O	M	J	E
U	S	S	E	Q	N	A	K	I	W	A	A	O	M	T
Q	L	T	N	A	B	A	A	Y	R	O	G	S	M	S
B	E	L	O	R	G	R	Z	X	F	G	B	B	R	N
I	X	T	O	B	E	O	Y	F	G	W	L	O	E	E
Y	K	W	L	D	Y	L	Y	N	H	G	L	D	N	T
M	N	H	E	X	R	S	I	A	I	L	Y	A	R	H
Y	V	I	L	L	W	D	F	Y	E	L	N	C	U	C
N	B	N	J	C	O	X	S	T	F	G	A	M	T	I
B	D	A	T	R	L	C	A	Q	O	U	O	D	H	L
S	X	S	G	U	O	N	W	L	G	R	D	J	Q	C
F	E	H	G	U	O	R	O	B	S	N	I	A	G	I
W	K	Y	Q	D	Z	B	K	E	E	E	L	K	F	M

ERNST

GAINSBOROUGH

GOYA

GRIS

KLEE

LICHTENSTEIN

LOWRY

MOORE

MORSE

NASH

RENOIR

RODIN

TURNER

WEST

SELF WORDS

BUILDER

CERTIFIED

DENIAL

DEPRECATING

DISGUST

DOUBT

ESTEEM

EVIDENT

GOVERNING

HATRED

HELP

LESS

LOADING

LOVE

MADE

```
Y P P C M Z Q P J S L F J E M
K T E C I F I R C A S P Z R E
E Q I L V D A L I C Q E E U E
L D O P Q L H N O A V D L T T
S V A R K A E W I I L O S R S
E Q K M T D O R D I A U R O E
P F C R S R E E U D O B T T A
V M E C T G N B I E E S Y W V
Z D X H A T M N T R U L I N G
P M P R R D G H H G L X Y U E
S L D S T R G C S S E U B T T
J U E D E I F I T R E C C B S
C Q H H R U D P R M S T U H S
N Z G O V E R N I N G O R Z J
G N I T A C E R P E D V P F L
```

PITY

REGARD

RIGHTEOUS

RULING

SACRIFICE

STARTER

STYLED

TORTURE

WORTH

ISLANDS

ALDERNEY

ARUBA

AZORES

COMOROS

CRETE

CUBA

EIGG

ELBA

ELLESMERE

GREENLAND

IBIZA

JAVA

KERRERA

KOS

LUZON

```
R X P W K A M I N U W D L R P
A Q K E R R E R A S C G G A Y
T O D N A L N E E R G U L C L
S F L R H L I E E U D B S J
L P U L M D L T R B E A W A Q
Z B T U W B E E S R Z T A G M
A W L Z A Y M X N I X O A A S
S L Z O V S S E B R E T G D U
O G K N E C Y I S N U B B A I
R U W L I S X N Y E T T X M T
O J L J G K E V G I R R R K I
M E W B G T I E N X J O R A R
O D R Z A N Z I B A R A Z V U
C C J T O R O R O N S A Y A A
V V S I V G B A T H G I W J M
```

MADAGASCAR

MAURITIUS

MULL

ORONSAY

SARK

STATEN

UNIMAK

WIGHT

ZANZIBAR

COOKING TERMS

A LA GREQUE

AL FORNO

AU GRATIN

BASTE

BLANCH

BRAISE

CHANTILLY

COCOTTE

DIABLE

DREDGE

EN DAUBE

EN TERRINE

FORESTIERE

JULIENNE

MARINADE

```
N G C X O O N E E B E R O E Q
I H H O U R U T B D R E D G E
T E A C C O I U U F V M R O U
A D N C N O R A A H J M O U K
R I T J E A T S D R R I G E P
G V I U Z U L T N E W S E Y S
U S L L E L Q B E F B A S T E
A U L I M D R E E L B A I D G
H O Y E A E A T R R B R V P N
M S O N R O F L A G F L I S I
O R Q N I A B I U R A G F F C
R F L E N J S E Y O O L O C U
N W T C A E V O J L R W A R D
A D M Y D H E N I R R E T N E
Y C E R E I T S E R O F L J R
```

MORNAY

PUREE

REDUCING

ROULADE

ROUX

SAUTE

SIMMER

SOUS VIDE

STIR-FRY

TITLES

ADMIRAL

ARCHBISHOP

BARON

DOCTOR

DUCHESS

DUKE

EARL

FATHER

FRAULEIN

GENERAL

GOVERNOR

KING

LADYSHIP

MISS

PADRE

PHARAOH

PRESIDENT

QUEEN

RABBI

SHEIKH

SULTAN

TSAR

VICEROY

VISCOUNTESS

```
B R X P S S E T N U O C S I V
S O P O Y D Y T V Z R L K V W
R H R H R O N R E V O G V I U
A E E S H T R W Z M T N E M S
S K S I Q C Y O R E C I V J S
T I I B K W N E A C O K S T E
I P D H I H K R I E D U G L H
F H E C Y V N D B L L E A A C
R A N R N O R A B T N R S D U
A R T A O K T P A E I E G Y D
U A O H E L N N R M I Q T S M
L O Z S E N R A D Z U D N H O
E H Z S B R L A B E G U W I L
I Y D I G Z J N E N U K T P W
N P D M N F T N H E T E A E T
```

COAL MINING

ADIT

ALARM

CAGE

CANDLES

DEPOSIT

DIGGING

DUSTY

EXPLOSIVES

FUEL

HOIST

```
Q Y N L P S O F T A O I T S H
V T B J F S N W C I S V M U F
S S V Z T C O Q Y A D I S U T
O U Z F N A K X D F N A E V S
Z D I S B G Y X Y E C L V D U
B H S D E E B S R G P U R I E
S R T E V V E S L Y E O E G N
N O I T A L I T N E V N S G A
M Y A R D M L S F T N R E I H
R S T N E I S Q O A I N R N T
A P A E G S J S B L H M U G E
L C L N F Y C F Y O P S B T M
A H I R F A D U I Y L X M E G
K T J C D I S S E K L T E S R
E S Q F H C T N J N O I N U E
```

LIGNITE

METHANE

MINERS

OXYGEN

RESCUE

RESERVES

SAFETY

SEAMS

SHAFT

SHIFTS

TIMBER

TUNNEL

UNION

VENTILATION

ENTERTAINERS

ACTOR

ACTRESS

CLOWN

COMEDIAN

COMIC

DANCER

FIDDLER

FIRE-EATER

GUITARIST

JESTER

```
N B A D R T M U R P C I M O C
S A E C N E F I R E E A T E R
Q I I G T A L U N C K K W Q J
R Q N P O R B B Y S R O T F K
N K S G S O E N M U T H J N T
P W V M E E T S A U E R I D S
T C O D Z R H S S M T F E J I
S M C L I O N T A M E R O L R
I D A N C E R U X T E N E S A
R E L G G U J H H L A H O T T
I J I J I W B R D G E C Y E I
T J S H W C O D O A E I T R U
A F T Q T W I J E S T E R O G
S B P T E F N A I D E M O C R
E P J R R U E T N O C A R W J
```

JOKER

JUGGLER

KNIFE-THROWER

LION-TAMER

MAGICIAN

MINSTREL

ONE-MAN BAND

RACONTEUR

SATIRIST

SINGER

STOOGE

THESPIAN

TUMBLER

VOCALIST

COATS

AFGHAN

ANORAK

BLANKET

BLAZER

BLOUSON

CAGOULE

CAPE

CAR COAT

CLOAK

DUFFEL COAT

```
C B T E N T Y D R R J C E N M
V A F E U A C X E C P Q O L Z
F C R X K L H F P P Y S E Q T
O U E C O C E G A L U S T I D
T D L A O E A R F O T T O T U
O T K G R A K J L A K R G A F
S E F E N A T B O T C O N O F
J K R O P G F C J A O P I C E
E N R A O A R S G O H S D K L
R A B V I E C O C C C Z E C C
K L L P V N U V I R N U R O O
I B A O P L C H C U O S Z R A
N C Z Y E M A O S F P L L F T
T R E N C H C O A T U E D G Y
N G R E A T C O A T A D I K S
```

FROCK COAT   OVERCOAT   REEFER

FUR COAT   PARKA   SPORTS

GREATCOAT   PONCHO   TRENCH COAT

JACKET   RAINCOAT   TUXEDO

JERKIN   REDINGOTE

TOOLS

BAND SAW

CHISEL

DIVIDERS

DRILL

ELECTRIC SAW

FORCEPS

GIMLET

GLASS CUTTER

GOUGE

HATCHET

```
R A Y X E W S L S E N T Y Y M
C A R D K A E R E L L O R B G
N I A J D S H A E R E F P L E
N P W F I C N T O I H E A E G
S H R H O I S T E A L S N N U
C S C P E R A R T L S P B A O
Y K T S E T C C E C M A U L G
T R C A O C H E U D N I E P E
H O R R P E L T P D I V G D K
E F W E T L T S S S O V A N A
T Y R E N E E A L H M E I S R
S A T J R N W R S L L I R D Y
P H L E P L A C S E L B I R A
S D T D S A N P I N C E R S H
R E V A H S E E S T R E E R S
```

HAY FORK

HAY RAKE

PINCERS

PLANE

PLIERS

ROLLER

ROTATOR

SCALPEL

SCYTHE

SHAVER

SHOVEL

SPADE

SPANNER

STAPLER

FONTS AND TYPEFACES

BODONI

BOOK ANTIQUA

CENTURY

CHEVIN

CLARENDON

CONSTANTIA

COOPER

CORONA

COURIER

DINGBATS

FLAMA

FUTURA

GARAMOND

GILL SANS

LUCIDA

MYRIAD

NUEVA

OPTIMA

PRAXIS

SEGOE

SYMBOL

TIMES NEW ROMAN

UNIVERS

WEBDINGS

```
V A U Q I T N A K O O B I E T
S T R I A M A L F S K L S J I
C E N T U R Y B R B A L T E E
R T I M E S N E W R O M A N C
E N G A S A V Z P A Y Y B H O
P F L R R I D H M R M W G S U
O C O B N U X I I E J L N G R
O L B U R I T A C D I L I N I
C A M C A P D U R U J L D I E
V R Y E O G E S F P L F H D R
N E S E A R L I Z S C U T B E
U N E R D N O M A R A G G E L
E D C B O D O N I V E H C W A
V O Y C O N S T A N T I A S M
A N P A N C R T H E R N E A A
```

DAY WORDS

BLINDNESS

BOOK

BREAK

CARE

DREAMER

FLOWER

HOSPITAL

LIGHT

LILY

LONG

OF ATONEMENT

OF REST

PATIENT

RELEASE

RETURN

ROOM

SCHOOL

SHIFT

SURGERY

TIME

TRADER

TRIPPER

WATCH

WORK

```
X H N B E P I R E P P I R T J
B P W Y Y B A W O M Z U Q O T
L O N G R V P T O E I Z B F N
I M R E T U R N I R A T D A T
N J A R E B A W V E K S R T M
D K J S U S H L Z G N F E O E
N L P L W C A R E B L T A N S
E A S Y T H O I O O S S M E A
S T J A U O R O W E T U E M E
S I W Z M O K E R F L J R E L
I P K J L L R F Y V O N Q N E
E S Y P S I O R E D A R T T R
K O R D Q L Z T H G I L M S O
S H I F T Y M F Y V P H W X X
J T J M U N W Y R E G R U S I
```

AFRICAN PEOPLES

ANGONI

ASHANTI

BANYARWANDA

BASSA

BASUTO

CHAGGA

DINKA

GANDA

HAUSA

IBIBIO

LUMBWA

MASAI

MATABELE

MURSI

PYGMY

```
E G E O T O S F G M B A S S A
Z A A B A S U T O K N Y Z A K
F N P N W B S H C O S M E L U
R D J A G M T I H R H A A E I
O A Z A T O L S A A K T O O B
L I D Y S A N C J K W A B W I
O H S N M H A I Q N C B X Z B
N E M O A G A P A I S E M T I
G F S A I W Y N I D A L S U O
L M U R S I R P T G W E S R L
L I A U U A W A O I A F T K L
T S O N G A I E Y B E E R A A
E T F C H A G G A N C E J N I
N U W Y A S N R L W A S U A H
D T R A S A R E U R U B M A S
```

ROLONG

SAMBURU

SHONA

SOMALI

SOTHO

SWAZI

TSONGA

TURKANA

TUTSI

SPACE VEHICLES

APOLLO

ARIEL

ATLANTIS

ENDEAVOUR

GALILEO

GIOTTO

LUNA

LUNIK

MAGELLAN

MARINER

```
M A R I N V M N W I S B F A R
V R R B Z L E F N V I G K O E
Z O S U R V E Y O R T I E W N
O O Y V A P O L L O N N J R I
B O N A O X E N D E A V O U R
S T T D G S R Z A M L R R Z A
M V J F L E T P O T T O I G M
X A Q G A Y R O P Z A A G E V
R E G N A R S A K I G A K E L
P D N E F L V F N U O C K G U
K S I L L W I O C L L N S T E
I J K I E L I L A R E N E V W
N B I N I R A S E L E N E E C
U Y V I O Y S N P O A N U L R
L N I K T E L S T A R M Q D Z
```

ORION   SOYUZ   VIKING

PIONEER   SURVEYOR   VOSTOK

RANGER   TELSTAR   VOYAGER

SAKIGAKE   VEGA   ZOND

SELENE   VENERA

SALAD

ARUGULA

CAESAR

CARROT

CELERY

CHEESE

CHIVES

COLESLAW

CRESS

CROUTON

CUCUMBER

DRESSING

FENNEL

GREEN PEPPER

HERBS

LETTUCE

MUSHROOMS

NICOISE

PEAS

POTATO

RADISH

SHALLOTS

SPRING ONION

TOMATO

WALDORF

```
S B R E H L A L U G U R A B Q
N I C O I S E C Y D H A R Y I
Z M C V A H O N W A L D O R F
S B S H S L T R N G C I D P O
B A N J E S R E P E O S R S R
F Z E S V E A P O E F H E T E
H C L P I K S P T C P G S O B
W A X O H G E E A U S I S L M
W O Q M C U A P T T J O I L U
H T T A A P C N O T T N N A C
C O Y A W Y R E L E C D G H U
B R L O M L C E Y L S X A S C
M R E S M O O R H S U M M Q F
F A Q S Z D T G C R O U T O N
I C I Z S P R I N G O N I O N
```

CHARLESES

ADDAMS

BAUDELAIRE

BOYER

BYRD

CHASE

DAVID

DURNING

ELLET

GIBSON

GORDON

```
T Z L U H C S A M B Y E K S M
A T B A U D E L A I R E N R I
I E W R A C L C R T N A S X F
W C L V Y E L S E W N G R G G
R L I A M V E W Y W E L U W I
E D P A M G T I O F I V I S B
G C G S R B L S B E T L U H S
N R C O I J I G Z E K Y S Q O
I Q D H R D N O U E A D W O N
N I W V A K D R S F I O T G N
N I A V D S B D E E C I R P S
E E R K D H E O B R B H W H O
M Q N G A E R N Y B O Z Y G U
Y O E E M E G Y R K U E C I O
X P R E S N H Z D U R N I N G
```

GRODIN

LAMB

LINDBERGH

MAGRI

MENNINGER

MINGUS

PRICE

SCHULZ

SHEEN

SHYER

WARNER

WESLEY

WILKES

WILSON

HA, HA, HA

HABANERA

HACKNEY

HADRON

HAGGLE

HAIRDRESSER

HALLAL

HALLUCINATE

HAMBONE

HAMMERHEAD

HAMPER

HANG-GLIDER

HANGING

HAPHAZARD

HAREBELL

HARPY

HARSH

HASSOCK

HASTY

HATBOX

HAULM

HAVANA

HAVOC

HAWAII

HAZEL

```
H L N H R H A L G T T A C A H
U E O A E A R H A C K N E Y K
E Z R M D L L A H A W A I I H
T A D R I A P G A J B V D A A
A H A U L M N G A H H A P Q M
N T H L G I H L F A R H J U M
I C A S G T A E I I A U H S E
C H U N N H F R K Z K A Y H R
U L A A A A D C A H B I T A H
L H H C H R O R I A H X S M E
L A E W E S D E N M O S A P A
A T F S S H B E C B H A H E D
H A S A H A R N T O A T W R J
H E H K A A H A T N H A R P Y
R H A V O C H A R E B E L L Z
```

CONFUSED

ADDLED

BAFFLED

BEDAZZLED

BEFUDDLED

BEMUSED

CHAOTIC

DAZED

DISCONCERTED

DISJOINTED

DISORIENTATED

DIZZY

DOPEY

FAR AWAY

FAZED

FOGGY

GARBLED

GIDDY

GROGGY

HARE-BRAINED

LOST

MISTAKEN

PREOCCUPIED

RAMBLING

UNTIDY

```
G N I L B M A R G J N B T D M
P Z V O K E D A Y E G E S E O
R D P J F I D A K D I M O T H
E E X Y Z D W A I W D U L R A
O L D Z L A T S Z A D S Y E R
C F Y E R S J Y Y Z Y E C C E
C F D A I O S G D G L D I N B
U A F M I P C G C I G E U O R
P B H N A I A O A D T O D C A
I F T P T T D R G R E N F S I
E E A O V G O G O P B Z U I N
D K A Z T N P H E M K L A D E
X H E N E B E F U D D L E D D
C I Y Q O D Y D G W A U H D B
S D E T A T N E I R O S I D Q
```

WISE WORDS

ASTUTE

AWARE

BRIGHT

CAREFUL

CIRCUMSPECT

CLEVER

DISCERNING

ERUDITE

EXPERIENCED

INFORMED

KNOWING

LEARNED

MINDFUL

OWLISH

PRUDENT

RATIONAL

RESPONSIBLE

SAPIENT

SASSY

SENSIBLE

SHREWD

SMART

TUTORED

WISDOM

```
T I E D I S C E R N I N G G H
R F C T P D E N R A E L N C J
A O Y A I E M A N A O I Q Z I
M M X G T D T T M D W E R H S
S Q T U S I U L X O T A R C E
B M T Z O T U R N Y D V I I L
O S P N O F V K E S T E N R B
A Y A R E O W L I S H Q F C I
W L E R U I K Q I A G K O U S
I D A H W D P W D S I A R M N
S C T P N S E A G L R O M S E
D C R E S P O N S I B L E P S
O D B G H Q A J T H M T D E B
M L U F D N I M R E V E L C C
P V D E C N E I R E P X E T K
```

DANCES

BOP

CANCAN

CONGA

FLAMENCO

FRUG

GANGNAM STYLE

GAVOTTE

JIG

JIVE

LIMBO

```
L X V X V P L T N L E Y S F P
A R U M B A X M Q A Z G O G M
A T G V E L E T A C C B Q I S
O B N Y L H T K O Z M N N J Q
P C M R Y R U N N I U U A H U
P O N A T D G E L E E R R C A
Q C L E S A N E T T Y S K W R
X G N K M X U V P T I J L A E
R S H U A A X I B Z O B O L D
P F Z R N F L J T P G V U T A
T O Q Z G M R F A S I W A Z N
J W B R N A I U N X H G B G C
A Q I C A M O W G M I A M T E
G D T S G B T D O O S F K B H
K O T A T O P D E H S A M E M
```

MAMBO

MASHED POTATO

MAZURKA

MINUET

POLKA

REEL

RUMBA

SAMBA

SHAKE

SQUARE DANCE

TANGO

TWIST

VELETA

WALTZ

BIG START

BIG BAND

BIG BANG
    THEORY

BIG BEN

BIG BERTHA

BIG BONED

BIG CATS

BIG DADDY

BIG GAME

BIG HAND

BIG HORN

BIG MONEY

BIG MOUTH

BIG NOISE

BIG SISTER

BIG STICK

```
E B E B A H T R E B G I B I Q
B B I G I L Y D E R A E G I B
I B H G I G J E B I G G A M E
G P I T S B H D N A H G I B S
S B G G U T I O V O E G I B E
I B I Y B O I G R I M H E B B
S I V G B A M C W N I G S I I
T G N X H I N G K I T I I G G
E D B E P E G G I Q G B O B F
R A I J B D A B T B I S N O O
J D G I B G B R A H B U G N O
D D E Y E G I B T N E L I E T
F Y R T O G I B I E D O B D G
B I G A M O U S Y G D C R Q I
S T A C G I B B I G T O P Y B
```

BIG TIME   BIGFOOT

BIG TOP   BIG-HEARTED

BIGAMOUS   BIGOTRY

BIG-EARED   BIGWIGS

BIG-EYED

ANCIENT EGYPT

AKHENATEN

ASYUT

DASHUR

EDFU

GIZA

HIEROGLYPHS

HORUS

MASKS

MAZGHUNA

MUMMY

NARMER

NEFERTITI

NILE

NUBIAN

OSIRIS

PRIEST

RAMESES

ROSETTA

SCRIBE

SPHINX

TEMPLES

THEBES

TOMBS

USHABTI

```
R I V Y F O N U S E L P M E T
U G M M A A N A F B N I V E T
H U C M R A S I L D H O R U S
S I E U R E A E T D E V X V E
A R E M R E N U S H A B T I I
D T E R Y A Y J S E E H C E R
M R A E O S T C J B M F A I P
A G X N A G Y T I E B A H T A
Z U N G U B L R E T L O R I R
E D I S E H C Y O S R S T T I
R Z H F J S G M P N O I H R A
A R P A U M B Z V H Y R E E S
S K S A M S M B A L S I B F Y
A K H E N A T E N M E S E E U
K S E L I N U B I A N D S N S
```

MOON CRATERS

AMUNDSEN

BABBAGE

BARNARD

BELLINGSHAU-
SEN

BOHR

BYRD

CURIE

DANTE

FARADAY

GAUSS

HALLEY

ISIS

KOMAROV

LUDWIG

MACH

MOHOROVICIC

MONTGOLFIER

NANSEN

OERSTED

PARRY

TYCHO

VEGA

WALTHER

WATT

```
C I C I V O R O H O M J R I R
E F M E B G I G C T G D H G E
M R G M B D K W B F A E O S I
T A I H A I N O S A U T B L F
E S B L R P M E M R S S Y J L
K T Q V N R A G S A S R R I O
R T N M A A I R V D R E D S G
V Y A A R W N I R A N O B C T
X C Z F D Y P S V Y M U V I N
H H G U L E R C E U N Y M E O
P O L U K L A U U N E A W A M
P Y U N F L S H F R E T T A W
F N E S U A H S G N I L L E B
K U I R E H T L A W G E L P S
S I S I O A G E G A B B A B E
```

H WORDS

HAMPER

HANDY

HASTE

HAVEN

HEARTH

HEATHER

HEDGE

HEIFER

HELICOPTER

HELLO

HEMISPHERE

HEMP

HERBS

HIATUS

HIBERNATION

HI-FI

HILLY

HIPSTERS

HISTORY

HONEY

HOVEL

HUMPS

HUTCH

HYENA

```
H M E W N C H O E W J V S H H
E L U E H I H C H A T P O I E
H H V R S H O V E L M Q I S M
H A U E B R H H I U N F F T I
H U H T E H P E H O I V U O S
T A G P C H H A I H H E H R P
N F M O N H H T N F H H E Y H
O A T C A I A H H Y E N A S E
H L H I L N H E I P K R R S R
F T L L R H D R E A G E T B E
Y Y Y E K H E D G E T F H R R
F E B H H A N M Q S F U U E K
G I N H I S X X P U A S S H G
H T H O O T F I J D H C E H H
Y D N A H E H W U P H H P C H
```

NORTHERN IRELAND

BANGOR

CLAUDY

COMBER

CRUMLIN

CURRAN

DOWN

DROMARA

DRONGAWN
LOUGH

DUNDROD

DUNLOY

EGLISH

FERMANAGH

FINTONA

KEADY

KILREA

```
K C V Y C C N C F K E A D Y C
T I D O R D N U D V G N P G W
A D F R U T R A R A M O R D V
R U P E O M I L L I S L E A Z
D N X M R N F I N T O N A D L
R L X O Q M G P X K I L R E A
E O H P E B A A R I C H I L L
E Y G B R N S N W R H Q F T Q
F I Y N D E R R A N R A G V F
O C D U A A E U E G L I S H V
R Z U O L B G B O E H O D U I
E Y A R M F K S K M C T U D K
S H L O R A J I S E I N O G V
T U C V D A G L X N E W R Y H
C R U M L I N H Y O N R B H S
```

LARNE   OMAGH

LISBURN   POMEROY

MILLISLE   RICHILL

MOURNE   TARDREE
                 FOREST

NEWRY

VOLCANOES

AGUNG

DIENG

ETNA

FISHER

FUJI

HARGY

HUDSON

ISABELA

KATMAI

LOLORU

MAGEIK

MERAPI

OAHU

OSHIMA

PARICUTIN

```
L X X W M Z M X Y K M A U T R
T U W G E P U S F A B G C O H
E L Y G R A H D G G J E Y O O
P N A D A G W E U U D Y S V F
E Z I G P K I C C N K H W P Y
T I V T I K A R A G I C C W A
A K Z I U R F L B M W F R N F
C A C Y D C S U A N D F I R T
O T U Z I I I R T E I D I E U
P M K A E Z V R V S U H M H R
O A C T N W G O A O A H U S O
P I I F G T X B O P D D R I L
H H R U A P E H U N S Y U F O
W H M J L L T S N O O T S I L
Z K I I A A N O N M U M T Q S
```

POPOCATEPETL

RUAPEHU

RUIZ

TOON

TSURUMI

UDINA

VOON

WHITE ISLAND

YEGA

CHEMISTRY

ALLOY

ANALYSIS

ANODE

ANTIMONY

CHAIN REACTION

DIOXIDE

ESTER

IRON

KINETICS

LEAD

```
N X E N O N E A T A E D F Y Z
A N O D E O R B K N G P M P E
V R R M U I M S O J Y E V N G
I A G M S T G Z F O M P A A F
Y R A O L C O K I N E T I C S
M U N I T A L P R N C I T O C
E H I J U E D I X O I D N M A
G D C C B R I C G L X E Z S L
K M S Q V N A N A Y L Y I H L
R A G U S I M I V N U S G M O
E O S O O A J Z G B Y E T E Y
T S X Y Y H N X W L L R S V N
S O L I D C Y R A E L C U N M
E Y N O M I T N A O R U R W H
R Z U N K O A D S S X R V J I
```

NUCLEAR

NYLON

OCTANE

ORGANIC

OSMIUM

OXYGEN

OZONE

PEPTIDE

PLATINUM

RUST

SOLID

SUGAR

XENON

ZINC

PALINDROMES

BIRD RIB

CIVIC

DEED

KOOK

LATE METAL

LEVEL

MADAM

MINIM

NOON

PEEP

POOL LOOP

PULL UP

PUT UP

REFER

RISE TO VOTE SIR

ROTOR

SAGAS

SENILE FELINES

SHAHS

STATS

TAHITI HAT

TENET

TOP SPOT

TUBE DEBUT

S	S	K	T	L	T	B	F	N	P	E	E	P	Z	R
L	E	A	E	E	K	T	A	H	I	T	I	H	A	T
C	L	N	G	T	N	H	I	E	I	H	A	T	R	I
K	S	L	I	A	T	E	E	B	I	R	D	R	I	B
C	T	Y	Z	L	S	N	T	P	U	T	U	P	S	P
L	A	T	E	M	E	T	A	L	U	C	O	B	E	U
C	T	J	J	T	C	F	D	B	B	N	L	M	T	L
P	S	R	Z	X	D	R	E	R	N	O	E	I	O	L
K	O	K	E	M	C	D	E	L	L	O	V	N	V	U
M	S	O	W	F	E	X	D	C	I	N	E	I	O	P
A	H	O	L	B	E	P	L	Q	I	N	L	M	T	U
D	A	K	U	L	D	R	U	K	M	V	E	O	E	L
A	H	T	S	T	O	P	S	P	O	T	I	S	S	L
M	S	B	R	O	T	O	R	U	E	A	Z	C	I	U
N	A	Z	Z	R	Z	T	P	I	Q	S	O	P	R	E

CALM DOWN

ABATE

ALLAY

ASSUAGE

CONCILIATE

DEFUSE

DIMINISH

HUSH

LESSEN

LOWER

MITIGATE

PACIFY

QUELL

RELAX

REPOSE

SETTLE

SILENCE

SLACKEN

SOFTEN

SOOTHE

STEADY

STILL

SUBDUE

TEMPER

WANE

```
Y U D H Q F F G U T E M I X N
T Y I H I E A W L Z M I W I E
Q F M Y D A E T S T Q N U S T
S I I C E S U B D U E E R L F
O C N R T S K D E F U S E A O
O A I Q A U L L E E U S P C S
T P S I I A L Y S T Y E R K R
H R H S L G M A O A Y L A E E
E R T L I E T T P G N P L N L
M U A A C L P P E I S A R N T
O Y W A N E E Q R T X E O A T
A X H H O Q F N I I P D B B E
K I J S C H L L C M O A X U S
K X X W U M L A E E T F T B N
P C V H Q H P T R E W O L U H
```

155

WET

BEDEWED

DAMP

DANK

DEWY

DRIZZLY

DROWNED

ENGULFED

FLOODED

IRRIGATED

MIRY

MUDDY

MUGGY

OOZING

OVERFLOWING

RAINY

SLOPPY

SOAKING

SODDEN

SPRAYED

STICKY

SUBMERGED

TEEMING

UNDRIED

WATERLOGGED

```
E E T K C Y I V S M M D S R Y
N N B V N F T S L O P P Y W O
U G G I P M A D S P D W E L I
R N A U P D E F L O O D E D R
O R V Q L I R B U U G V E J R
R O V E R F L O W I N G J N I
G S Z D A S E M W F I K B E G
N C N I E E U D M N M N E Y A
I U J B N Y U B E T E A D L T
K S R H Y G W U M Y E D E Z E
A T D E G G O L R E T A W Z D
O I P U P U Y I V L R W E I P
S C A R V M M A G G Y G D R G
K K Y D D U M S P R A Y E D E
U Y N D W U B R M F B R T D J
```

WORDS ENDING Z

ABUZZ

BLINTZ

BLITZ

CHINTZ

ERSATZ

FERNANDEZ

GLITZ

HEINZ

JAZZ

JEREZ

```
Z T T G Z Z U Z H Z Z V M N Z
Z R E R E B E I T Z Q R U S J
Z A C R Y C A R A U N U U F S
A L E W O B E Z A R C E I B O
T J A O U H Z R M E Z Z S Z Y
A N Z Z O I T K I B B U T Z U
M Q Z L P Z Z T L A W L Z A Z
Z E I Z A V Z I Z E Z L E P S
Z K G H Z E T N J Z R B D O M
A B K A H Z I Z Z A C S N T T
R Z L C H E E Z T H Z T A B Y
I D N I H E L A I U X Z N T A
H A Y I N Q R N L Z Q P R U Z
S Y O J T T T T G R D V E O R
Z M Z T P Z Z J Z V Z P F W Z
```

KIBBUTZ

KILOHERTZ

MEGAHERTZ

OYEZ

PIZZAZZ

QUARTZ

QUIZ

RAZZMATAZZ

SANCHEZ

SHIRAZ

SOYUZ

SUEZ

TOPAZ

WALTZ

SOFT WORDS

BALMY

BLAND

BUTTER

COTTON WOOL

CUSHY

DILUTED

DOWNY

DULCET

FEELING

FLEECY

```
R E T T U B E H F X L Y N V Y
W P Z N A D V Y D E P Y D T T
S B F L M D I U H L E N H M S
U O M K E L S F U S A L B N I
O Y N D L O S P X L U K I C M
I X I E L O I Y B Y F C I N A
R D C X I W M N D C T M R N G
U V I A F N B W W E U I Y M D
X T V L L O U O E E F L N T T
U E B E U T S D Z L G D E U Q
L N H R O T W D U F B C K K Q
H D L S U O E F D W L A L U Q
G E B R S C F D D U A R I H E
G R H N V Y D E D R H E S L L
G N I D L E I Y C T T Y F K P
```

FLUFFY

KIND

LUXURIOUS

MELLIFLUOUS

MILD

MISTY

PLIABLE

PULPY

QUIET

RELAXED

SILKEN

SUBMISSIVE

TENDER

YIELDING

SAVING MONEY

BICYCLE

BULK BUYING

CAMPING

COUPONS

DARNING

DISCOUNTS

DOWNSIZING

DRESSMAKING

HAGGLING

HOME COOKING

KNITTING

LIBRARY

LODGERS

MARKET

MENDING

OFFERS

PIGGY BANK

RECYCLING

SALES

SEWING

STAYING IN

SWAPS

VOUCHERS

WALKING

```
V G N I K O O C E M O H N S E
S S K N I T T I N G M C R R P
P T S S G N I D N E M E M G Y
A A R R I C S I I G G S B N P
W Y M E O D W C N D G I P I C
S I A F C E U I O N C S I K O
G N R F S Y Z L I Y L T G A U
N G K O S I C Y C I L N G M P
I I E M S R U L B V I U Y S O
N N T N X B E R I P J O B S N
R N W V K Q A H M N G C A E S
A O A L S R A A C M G S N R A
D F U A Y F C A D U C I K D L
O B G N I K L A W W O D I H E
H A G G L I N G D O P V N N S
```

GYM WORKOUT

AEROBICS

BARBELL

BENCH

DANCE

DUMBBELLS

ENERGETIC

EXERCISE

FITNESS

HORSE

LEOTARD

LEVERAGE

MASSAGE

MUSCULAR

PHYSICAL

PILATES

PULLEYS

SAUNA

SHOWER

STEPS

TABLE TENNIS

TRAINING

TREADMILL

WEIGHTS

YOGA

```
I  G  V  M  C  L  A  C  I  S  Y  H  P  J  P
D  W  Z  M  U  A  O  L  W  R  P  V  I  F  U
R  W  A  M  A  S  S  A  G  E  E  E  D  S  L
A  E  R  O  B  I  C  S  O  J  S  W  T  M  L
T  X  S  F  H  H  C  U  X  W  S  T  O  S  E
O  E  T  S  B  C  D  I  L  R  R  A  B  H  Y
E  R  H  R  L  A  N  O  T  A  V  T  U  S  S
L  C  G  M  N  L  P  E  I  E  R  H  L  N  R
V  I  I  C  Z  I  E  N  B  E  G  O  E  F  A
H  S  E  O  L  G  I  B  A  A  A  R  V  I  O
G  E  W  A  N  N  A  D  B  U  X  S  E  T  T
O  Y  T  J  G  G  M  H  W  M  H  E  R  N  V
R  E  O  F  O  I  F  J  Y  H  U  H  A  E  E
S  Q  D  Y  L  L  E  B  R  A  B  D  G  S  V
T  A  B  L  E  T  E  N  N  I  S  H  E  S  N
```

WORDS STARTING SUN

SUN DECK

SUN DOG

SUN HAT

SUNBAKED

SUNBIRD

SUNBOW

SUNBURN

SUNDAE

SUNDAY

SUNDEW

```
G D K N S Z W S T E S N U S S
S O E U E U D Q S U N K E N U
U B D H G E N E V E N U S S N
N M A C Y R D K B L U L S D
S L H Y U N W C A A N N R O E
S U S O R S E H S E B E U W I
U W N O S D D R H G N N S R
N O U D N N N I D N U U U S D
B B S U I K U U N S S U S N
U N S S N A S O S A U N N S U
R U H S U N L A M P R S S M S
N S T X E N F D R I B N U S P
Y A D N U S N U S U N H A T N
S U N S P O T E R T D Z P K U
S U S U N G L A S S E S N U S
```

SUNDIAL

SUN-DRENCHED

SUN-DRIED

SUNDRY

SUNGLASSES

SUNKEN

SUNLAMP

SUNLESS

SUN-LOUNGER

SUNRISE

SUNSCREEN

SUNSET

SUNSHADE

SUNSPOT

TRACTORS

AIRTEC

BELARUS

BUKH

CASE IH

CHALLENGER

CLAAS

DANHORSE

DEUTZ-FAHR

DEWULF

FENDT

GRIMME

JCB

JOHN DEERE

KUBOTA

MANITOU

MCCORMICK

MERLO

NEW HOLLAND

SAME

STEYR

TAFE

VALTRA

VERVAET

ZETOR

```
Z T D K A R L H U T T B H V D
H O B D Q O F Z O D E Z U J T
R H A F Z T U E D N Q M C K M
X E R P G E J I B E E B A R H
Y R T D S Z C E T F M B R S W
E E L C N A L E G K M C Y I M
S E A R S A A M A N I T O U L
R D V E R V L L J F R A N K I
O N I U R O D L C X G F Z J S
H H S E L W E X O S T E Y R A
N O V R F X W I T H X C U B I
A J E C X Q U P X L W Z W Z R
D M S C H A L L E N G E R D T
B W D N G A F L G V A A N V E
A T O B U K C I M R O C C M C
```

CAN AND TIN

CANADA

CANAILLE

CANARY

CANASTA

CANDELA

CANDID

CANDLE

CANNELLONI

CANOPY

CANVAS

CANVEY ISLAND

CANYON

TIN TACK

TINDER

TINEA

```
D T I N N G L C A N Y K I D C
E O R A A E A Y C P D C N S A
C P C C S N R C O T T A Q A N
A N P N D A A N T I L T V A R
N I I E N N A I N S I N C W T
A T L A Y C N D I K N I A I T
D A C O F G A Y C A N T N V I
A I N O L L E N N A C F A P N
R D D E C V P G A J O U S E N
A T S N N A T S E I N I T R I
E M I A A I N I L V L I A A T
N T C N V C M D N T N L Y W U
I G T R D N O M L G I S E N S
T C A N U E A N E E T I N I T
E L K N I T R C A N I T R T C
```

TINFOIL

TINGE

TINGLE

TINIEST

TINKLE

TINNITUS

TINPOT

TINSEL

TINWARE

NATIONAL EMBLEMS

BLACK IRIS

BULLDOG

CAMEL

DAHLIA

EDELWEISS

ELEPHANT

GENTIAN

GOLDEN EAGLE

HARP

HIBISCUS

JAGUAR

LEEK

LINDEN

LLAMA

MAGNOLIA

OLIVE

POPPY

ROSE

SALTIRE

SHAMROCK

SUN OF MAY

SUNFLOWER

THISTLE

TULIP

```
E L G A E N E D L O G L I Y M
I H E V S S I E W L E D E A A
G P I L Z X X O E M Q X T M G
R L B R G S Q L A H W H E F N
O A C L V O T C N N Y S W O O
T M E X A S D P H J O H T N L
N A R K I C C L X R X A N U I
C L I H D Z K K L C R M A S A
I L T E A L P I L U T R H U R
Z O L E H R K N R J B O P C A
Y A A J L Z P E R I O C E S U
P T S E I N Y D P N S K L I G
P O E H A B U N W Y N I E B A
O K B I G N A I T N E G E I J
P C K R E W O L F N U S R H D
```

DIAMONDS

BRACELET

CARATS

CLARITY

CROWN

CULET

CULLINAN

CUTTER

DARYA-YE NOOR

FACET

GIRDLE

HARDNESS

JEWEL

MAZARIN CUT

MINING

NECKLACE

PENDANT

POINT CUT

RINGS

ROSE CUT

ROUGH

STAR OF AFRICA

TIARA

UNIFORMITY

WEIGHT

```
M B T D K H T H A R D N E S S
M A J U G E D Q J C U T T E R
Y C T U C E S O R E E E A V C
T I O A S N A J V L W L W D L
I R F T N B I M D F B E C A A
M F O E W R I R T I I C L R R
R A N L O B I D A G U A E Y I
O F C U R G P A H Z W R C A T
F O U C C I E T R O A B A Y Y
I R L R A P N S M A D M L E B
N A L K L R D G J I I E K N R
U T I Y H W A U S Q N T C O B
C S N P O I N T C U T I E O R
J Q A Q D Y T V S P U Y N R A
J M N J D L B V A Z E L H G H
```

GARDEN CREATURES

APHID

BLACKBIRD

CABBAGE WHITE

CENTIPEDE

CRANE FLY

CUTWORM

DAMSELFLY

GNAT

HORNET

LILY BEETLE

MOLE

MOUSE

PEA MOTH

PIGEON

RABBIT

RED ANT

SHREW

SLUG

SNAIL

SPARROW

STARLING

THRIP

WASP

WREN

```
G T P A C U V Y O J Y N T B J
N I U R Y S V N O N O E N S H
I B W O R R A P S E N F A N T
L B N Z P N G Z G R S C D I O
R A X M T G Z I O W H K E Y M
A R B D O N P H Y W R I R U A
T B L M P L I L Y B E E T L E
S Y A O N S E C U T W O R M P
G S C A B B A G E W H I T E E
F H K Q O Q Q W L I A N S S L
M I B W C E N T I P E D E A N
O S I O X R H T A N G V Y P G
U L R V U R Y T O Y F E K H D
S U D Z I C R A N E F L Y I E
E G K P Y L F L E S M A D D T
```

BABBLE, BABBLE

BALDERDASH

BLAB

BLATHER

BURBLE

CACKLE

CHATTER

CHITCHAT

DRIVEL

DROSS

FLUMMERY

FUDGE

GIBBER

HUBBUB

JABBER

JAW

```
L P W B Z C Y R E T A R P C G
G E A S A U C L E J D A H V Q
I L V C I G M H V T T A P M V
B B K I K N U S I T T R A S H
B L U S R B A O E T A I M L E
E P N R B D I R E V C Q W X N
R M C U B J M R B L O H J T E
U S B R K L V X U I A P A D L
M T V R E G E O T G A W X T T
R U D W O B Y R E M M U L F T
U F E Z X Q B L A T H E R U A
M F M Q K P R A T T L E J D T
N O N S E N S E J F D A T G L
H S A D R E D L A B W C L E Q
E V A N L I S O R S S O R D D
```

MURMUR

NONSENSE

PATTER

PRATE

PRATTLE

STUFF

TATTLE

TRASH

WITTER

HANDS

APPLAUDING

DIGITS

FEELING

FINGERS

FISTS

HOLDING

JOINTS

KNEADING

KNOCKING

KNUCKLES

LEFT

MANICURE

MANUAL

NAILS

PALMS

POLLEX

PUNCHING

RIGHT

THUMBS

TOUCHING

WASHING

WAVING

WRISTS

WRITING

```
G V D Y S E L K C U N K S E I
G N I L E E F W S G G G T E A
J N I L P A E V R N N B N G Z
F I E T M O W G I I T E I N G
F F M Y I A M D V H S E O I N
T I A G S R L A U C O T J H I
D Q N H N O W M N N U I S C K
D B I G H I B J S U M H P U C
I N C F E S D Z A P A T B O O
G V U N I R Q U V D Q L R T N
I H R T Q S S J A S L I A N K
T T E H D G T A A L G W J M N
S M L A P X C S O H P B U C I
X E L L O P V V T K A P E A M
L A U S G N I D A E N K A T E
```

SHADES OF YELLOW

AMBER

ARYLIDE

AUREOLIN

BANANA

BRONZE

CATERPILLAR

CHROME

CORN

EGG YOLK

FLAX

HANSA

ISABELLINE

LEMON

MAIZE

MIKADO

NAPLES

ORPIMENT

SAFFRON

STRAW

SUNGLOW

SUNSET

TAWNY

TITANIUM

UROBILIN

```
N N R A L L I P R E T A C Q N
V O R J P Y S R M E Z N O R B
C M M O G O T O T C I E K O E
K U U E C D R E A L S G Z D D
L I G L L H S P I B S M I A F
O N I W C N U B I E P L O K L
Y A S E U N O M L M Y M F I A
G T A S Z R I P M R E S P M X
G I B Y U I A L A J Y N B P H
E T E A K N A S O O A E T D X
L T L W N W G M O E R T B X T
M W L S W A Y L N O R F F A S
E C I O D R N R O B Y U W H T
A S N A H T J A G W I N A L G
G T E V A S M C Z V Y J A Q O
```

OCCUPATIONS

BAKER

BROKER

CARER

CIVIL ENGINEER

COACH

DENTIST

DROVER

EDITOR

FINANCIER

GENERAL

F	T	S	I	N	O	I	T	C	E	J	O	R	P	S
E	O	G	P	L	F	D	X	G	W	A	I	T	E	R
R	C	Q	C	Z	A	D	D	R	E	R	A	C	A	S
E	I	M	K	E	S	R	E	I	L	E	R	R	L	U
L	G	A	O	F	H	O	E	N	H	E	D	O	Y	R
D	R	D	Y	M	J	V	T	N	T	N	D	L	N	G
D	K	A	X	M	R	E	H	A	E	I	M	I	Q	E
A	B	M	R	E	V	R	R	Y	H	G	S	A	A	O
S	T	C	L	T	T	Y	P	K	E	N	X	T	I	N
C	P	I	I	T	S	R	G	G	D	E	I	D	G	D
O	T	L	N	M	E	I	R	E	I	L	E	T	O	H
A	E	B	A	K	E	R	G	A	T	I	O	F	U	B
C	Y	T	O	L	E	J	J	E	O	V	T	E	O	P
H	A	R	M	A	T	R	O	N	R	I	N	W	H	I
B	B	S	E	G	F	I	N	A	N	C	I	E	R	V

HOTELIER

MAID

MATRON

POET

PROJECTIONIST

REGISTRAR

SADDLER

SECRETARY

SURGEON

TAILOR

TILER

TINKER

VET

WAITER

170

BRISK

ACTIVE

AGILE

ALERT

BRACING

BRUSQUE

BUSINESSLIKE

BUSTLING

BUSY

CRISP

EFFICIENT

ENERGETIC

HASTY

KEEN

LIVELY

NIMBLE

```
Y V H C K C X B I J D T N C I
W P X I R C I Z R D G I U V S
C S I I T Y Z T M U M K S A M
X K S R L Q L W E B S N G B Z
Q P A E L I G A L G A Q U M T
P M V I T A L E P P R S U O T
S I A C T I V E P C I E U E N
L H Q U I C K Y W N B T N C E
B S A G N I H S E R F E R E I
R R Z R U B U S T L I N G L C
Y A A F P C S N M Y P P I Z I
T K P C A L E R T N N Q K Y F
S E N I I S U O R O G I V S F
A E A K D N R Y E Y B R V U E
H N E P E B G N U F D B D B V
```

QUICK

RAPID

REFRESHING

SHARP

SMART

SNAPPY

VIGOROUS

VITAL

ZIPPY

GREEK DEITIES

ADONIS

ANANKE

ARES

ATHENA

CHRYSUS

COEUS

EOS

EROS

GAIA

HERA

HERMES

HYMEN

HYPNOS

METIS

MORPHEUS

NYX

PALLAS

RHAPSO

RHEA

SELENE

TARTARUS

THALLO

THANATOS

ZEUS

```
S U R A T R A T T J M Q N M S
C K J I Q E H L Z H Z P E S S
I T S A K A T H E N A E H R U
W A R G N O L Y S D Y L U L E
O K C A V Q G U O Y S X L S H
H S T D C K E N A R H I E O P
R O R C D O I F H S D P T N R
S N J K C S P O S P A H R E O
S P E X L E H C Z M N L K Y M
U Y P K K P P Q X E K O L M W
S H I E N E L E S H R I T A M
Y N E A Q A M R Y U A O R C P
R E L I M Q N M U R O E S S X
H E R M E S E A E I H Q O D G
C A P L Y N G S X T F E N L H
```

CHICKENS

ANCONA

ARAUCANA

BRAHMA

BUCKEYE

COCHIN

CUBALAYA

DOMINIQUE

DORKING

FAYOUMI

FRIZZLE

```
D Y C A A M F H A E A W G B Z
J E N V N B D A D M M G O M H
K U O I O A S D V S H A Y O G
O Q T D M S C X R B A E T C J
A I G V A U J U U Q R S H E H
Y N N K L S O C A G B W S S T
A I I L J S K Y K R N Y N O R
L M P O B E A L A I A A S R O
A O R E Y X O F H F T N X L W
B D O E K F R C M L A D A O X
U Z E M R I O B U R M O N F I
C H Y O Z C N S A T U T C F B
E B N Z R Y P M U D S T O C S
A B L G N I K R O D G E N M B
J E R S E Y G I A N T J A B X
```

IXWORTH	ORLOFF	SCOTS DUMPY
JERSEY GIANT	ORPINGTON	SULTAN
LAMONA	PEKIN	SUSSEX
MARANS	ROSECOMB	WYANDOTTE
NORFOLK GREY	SASSO	

WATERFALLS

ANGEL

BLENCOE

BOW GLACIER

BRANDYWINE

BROWNE

EMPEROR

GULLFOSS

HALOKU

HAVASU

IGUASSU

```
E N I W Y D N A R B R O W N E
W A T S O N F D K L Z L I R M
Z Y U M B I L L A N L A E M G
R R I G U A S S U G I I O Y M
H E M P E R O R U G C R K I G
A T M A M F N L X H O R N Q N
L A O L C O L E E U E N U H I
O W L Y O F T N R I E S T L A
K E L E O T B N C H A D U M G
U T F S G A R A A V Y I G M A
V I S M C N L H A H S D E I R
Q H B H Y G A H I K P D L R A
A W I R W Q Z L T N U G A K C
Y D R O G I T U B L E N C O E
S X B R X K E V O C E R O O M
```

KRIMML

MINNEHAHA

MOORE COVE

NIAGARA

PHANTOM

REICHENBACH

RHINE

RINKA

TOLMER

TUGELA

UTIGORD

WATSON

WHITEWATER

YUMBILLA

BUZZWORDS

BENCHMARK

BIG PICTURE

B-TO-B

BUY-IN

COOL

DIGITAL DIVIDE

DOWNLOAD

EDUCRAT

FREEMIUM

GRASS-ROOTS

IT'S A WRAP

LOGOWEAR

MINDSET

MULTITASKING

SPAM

SPIN-UP

SURGE

SUSTAINABLE

SWEET SPOT

SYNERGY

UPSKILL

VERBIFY

VIRTUOUS CIRCLE

WELLNESS

```
D P C T O P S T E E W S M O W
E A M A P S F I T S A W R A P
E L O G O W E A R X S S Q M S
E D C L F R E E M I U M B U B
R E I R N E H M G R X U S L E
U Y C V I W E V G V Y T C T N
T F O P I C O E V I A E C I C
C I O L W D S D N I R S S T H
I B L I E E L U N I F D P A M
P R R T L U D A O O J N I S A
G E J K L P B U T U Z I N K R
I V Q Y N L I B C I T M U I K
B S Y N E R G Y O R G R P N R
L L I K S P U B M T A I I G R
G R A S S R O O T S B T D V H
```

INVENTORS

BABBAGE

BELL

BENZ

BIRO

BRUNEL

COLT

DYSON

EDISON

FARADAY

FRANKLIN

GALILEO

GATLING

GOODYEAR

GRAMME

GUTENBERG

LANGLEY

MONTGOLFIER

MORSE

NOBEL

PERRY

TESLA

TULL

VOLTA

WATT

```
F F R N Y E Z E M M A R G Q E
L O D F R A N K L I N Z O G Z
Y L O D I R E D I S O N O R J
Y E R B W O B P C X T Z D E G
R B L R R R L M H E U Y Y B H
R O R G M D P E S B U Y E N I
E N Y Y N D E L N O I X A E T
P V O L T A A K O U Y R R T I
M O N T G O L F I E R C O U J
L L U T M A A P B A B B A G E
L G V H E R T H P Q F B R N L
E C I S A P R L Z W T R D O C
B X R D E O E L I L A G J S O
H O A F G S Z Z J N Z T P Y L
M Y M M H W M V O L G V T D T
```

TIRED

BUSHED

DEAD BEAT

DEPLETED

DOG-TIRED

DONE IN

DRAINED

DROWSY

EXHAUSTED

FATIGUED

JADED

KNOCKED OUT

POOPED

READY TO DROP

RUN-DOWN

SAPPED

```
L O D W O R N O U T R B R N B
W V E M N D E J Z A S U F W B
H H D D E T E L P E D P G O D
W N A W P W A S I B O F E D O
P E J C W A S H E D O U T N G
O X A P K C I K U A S U D U T
R F D R G E N A T E O E E R I
D A E D Y R D I D D T D K X R
O T R R G J U U E S E S N V E
T I E O D D P K U N Z B O A D
Y G T W I E C A I B O F Z K Y
D U T S F O H A P X X D H Y W
A E A Y N X R S D E T S A W U
E D H K E D A S U P O O P E D
R X S A P P E D F B B V D T V
```

SHATTERED

WEARY

SPENT

WHACKED

USED UP

WORN OUT

WASHED-OUT

ZONKED

WASTED

G WORDS

GADGET

GAMES

GAUZE

GELID

GERMICIDE

GLAND

GLASS

GLOWERING

GLUE

GLYCERINE

```
G K G O G A O U G L A S S G G
E P M N R A R G H E G N A Y Y
G B U R I W M G U Y U D S G F
F Y D E E R G E P G G L N R H
E P V L F Y E S S E U E G E E
G T D G P U Y W T N R R D E N
K R H N G G D G O F U I M K I
R V O G A N R S U L C G G L R
O G W C U L H G I I G O R G E
W G V E E K G O M S L E M D C
S G R U V R U R S P G T G G Y
S U R A O O E I M O S J D K L
E G P W P G S L A G A U Z E G
U N T G R K T L I K G T G R T
G H M G G W S A L D I L E G G
```

GOALS

GORGE

GORILLA

GREEDY

GREEK

GRIEF

GROCER

GROWTH

GRUEL

GUESSWORK

GUEST

GUILT

GURU

GYPSY

LAKES

ABAYA

ALBERT

CASPIAN SEA

CHAD

COHAHA

CONSTANCE

EDWARD

ERIE

EYRE

GATUN

IHEMA

KARIBA

KYOGA

LOMOND

NEAGH

NYASA

PATOS

PEIPUS

PRESPA

PSKOV

RWERU

SAIMAA

TAHOE

VOLTA

```
G C Q Z H X A A U I H E M A U
M Q E C N A T S N O C W J R H
H P R E S P A B V C O H A H A
W P S W R Y H N W K G H R X B
S O T A P T O A B A Y A R R I
C K A B E J E R E X G I C R X
X L A Q D S A N A T L O V I H
A D M R W R N G U F T E Z Z S
X N I W I D A A O K V Z J E R
L O A E G B R W I Y O X J N K
T M S R X A A V D P K F O A A
H O T U M T T D W E S D S E E
A L B E R T U U R O P A A A E
I N Q J Y K F I N Q Y K C H B
N O S U P I E P E N E R Y E C
```

BOOK TITLES

ANNABEL LEE

BLUBBER

CARRIE

CHRISTINE

DEENIE

DRACULA

DUNE

EMMA

ENIGMA

INFIDEL

```
N S E R S P V A M M E E L H M
E T H E F I R M C A R O O T S
V W U V A O B O A B V H M Y W
A O D I M C A B R E B N A E M
R L R H G H S U R K R A I N U
E F A S I R U O I K A V N O R
H H C U N I H E E S R I S M T
T A U Y E S S Y D O E H T Y S
R L L Y F T I E V K I Y R S U
E L A F I I D K V N F M E A L
B W O B Q N N E F I Y G E E E
B W A L D E N I E F W H T N Z
U G E A E A D H G N P D U U J
L E L Q I E L T H E I D I O T
B E E L L E B A N N A E U M G
```

IVANHOE

LUSTRUM

MAIN STREET

MIDWIVES

OFFSHORE

ROOTS

SHIVER

THE FIRM

THE IDIOT

THE ODYSSEY

THE RAVEN

UNEASY MONEY

WALDEN

WOLF HALL

180

AND AWAY

BRINGING

ENDED

HEAVE

HELD

HILL

HOLDING

HOLSTER

LOADED

LOOKING

RAISE

RIGHT

RISING

RUSH

SETTING

SHOT

SIDE

STANDING

SURGE

SWING

TAKE

TOWN

WELLING

WIND

```
G L A D G X L G Q D E B S V L
R N A A S N N Q Q M T B T E X
W E W E M I I H S U R P A V U
E T T E W S A S T I P D N A B
L O H S S C U R I S S I D E E
L W M I L D E R I R L L I H G
I N U A Y O P O G D U Q N E N
N G T R K D H T P E X Z G L I
G N N Y E Y A W A D N A T D G
X I E D Q X Q I G N O A H B N
K K A F H A F N A E K T G A I
G O K S V Q V D C E O E I U R
L O O G N I D L O H E A R O B
W L E O F X C K S E N D A Q Y
M Y G N I T T E S W A N G S G
```

FAMOUS SAILORS

BAFFIN

BARROW

BEATTY

BEAUFORT

BLIGH

CABOT

CHICHESTER

COOK

DRAKE

FOX

```
F M T A B R Z I L T D Y C N D
Y O A I M D E H Q V R D A B E
D V X H O I A T V T A Y B P O
N B C R A D P B S Y K K O O C
O G B T R R W I N E E N T N I
S B X E N V G D T I H X H L L
D M Y K A H Z O F D S C G M L
U E I C G T R O C N N Y I O E
H N Y G R F T H F S E T L H J
C J I J O H J Y J B S L B U C
H R I F M D A A V T N Y S Q T
B E A U F O R T S B A R R O W
G S D D Z A N W C O N R F A N
E Y E P O P B J H P N A S W C
Y O V E S P U C C I H P P J A
```

GRAHAM

HEYERDAHL

HOOD

HUDSON

JASON

JELLICOE

MORGAN

NANSEN

NELSON

PARRY

POPEYE

SINBAD

TRYON

VESPUCCI

APOSTROPHE

ARROW

BRACKET

CIRCUMFLEX

COLON

COMMA

CROSS

DASH

DEGREES

DOLLAR

ELLIPSIS

EQUALS

EURO

LESS THAN

MACRON

OBELISK

OBLIQUE

PERCENT

PLUS

POUND

SLASH

SPEECH MARK

THEREFORE

TICK

```
S J U J L E T N E C R E P M P
E X E L F M U C R I C Y B L G
E L X O J J R N K K S V U E W
R B R A C K E T S K S S O S G
G U A T H E R E F O R E D S O
E S P E E C H M A R K B O T L
D F O M U D Q Z U M N G L H T
K N S A S I S P I L L E L A G
C H T C J A N Z M X Q B A N K
I D R R Y V M P O U N D R S H
T E O O S W Z M A G W K I S H
L I P N J C O L O N K L A S T
C W H Z F K S R L C E L A O F
F A E L G J G D R B S D Q R M
A L E U Q I L B O A P E I C T
```

PARTY

BANQUET

BASH

BIRTHDAY

CARNIVAL

CAROUSAL

CEILIDH

CELEBRATION

DANCE

FETE

FROLIC

GALA

GARDEN

HEN NIGHT

HOEDOWN

HOUSEWARMING

```
T F O Y R L E V E R I V Y Y W
E N O C C A S I O N I V C A L
U O W Q K V X H S J N G E D W
Q I C P O I E O S Z H I V H N
N T J R T N I C D O Y D E T U
A A S G A R D E N Y C N S R L
B R D P E A R Q S A N I R I A
T B V E R C E I L I D H A B S
C E V A R E J C G W H S E L U
K L W D X Z E H I X F N Y W O
C E G A L A T V E N D R W Q R
P C U S H V Z T D K C E E D A
K I H O U S E W A R M I N G C
C I L O R F A X O T V H P Z L
H O E D O W N B U B V O M Y Z
```

NEW YEAR'S EVE   SHINDIG

OCCASION   SOCIAL

PICNIC   SOIREE

RAVE   SPREE

REVELRY

SEVEN-LETTER WORDS

AUCTION

CALCIUM

COMRADE

DESCEND

EPITHET

FACTORY

GALLERY

GHASTLY

GOURMET

INFIDEL

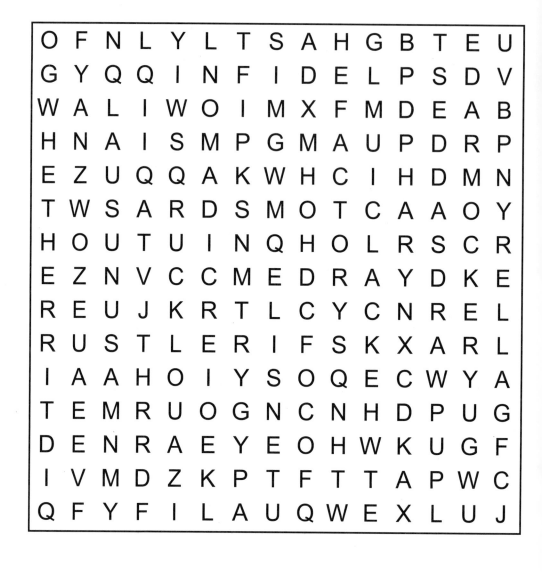

```
O F N L Y L T S A H G B T E U
G Y Q Q I N F I D E L P S D V
W A L I W O I M X F M D E A B
H N A I S M P G M A U P D R P
E Z U Q Q A K W H C I H D M N
T W S A R D S M O T C A A O Y
H O U T U I N Q H O L R S C R
E Z N V C C M E D R A Y D K E
R E U J K R T L C Y C N R E L
R U S T L E R I F S K X A R L
I A A H O I Y S O Q E C W Y A
T E M R U O G N C N H D P U G
D E N R A E Y E O H W K U G F
I V M D Z K P T F T T A P W C
Q F Y F I L A U Q W E X L U J
```

KEYNOTE

MOCKERY

NIGHTLY

NOMADIC

PARTNER

PHARYNX

QUALIFY

RUSTLER

SADDEST

UNUSUAL

UPWARDS

UTENSIL

WHETHER

YEARNED

ABSOLUTELY

ACTUALLY

CERTAINLY

CLEARLY

EXACTLY

EXHAUSTIVELY

FINALLY

FOR SURE

FULLY

GENUINELY

HONESTLY

IN FULL

INDEED

JUST SO

OF COURSE

PLAINLY

PURELY

QUITE SO

REALLY

SURELY

TOTALLY

TRULY

UNDOUBTEDLY

UTTERLY

WHOLLY

```
N M S T U W W J N Y L L A E R
Q K W E X H A U S T I V E L Y
F U W F O A Y L N I A T R E C
I P I L U N D O U B T E D L Y
N Z L T I P M I F D F Y A Y Z
F Y I A E N Q C B C L O L T T
U P L Q I S D S O T O L U O A
L F O E W N O E C K A U T R U
L E I C N M L A E U M A R Y T
J R S N L I X Y T D L P L S T
K U X U A E U C Y L L U F Q E
C S S K R L A N Y B R R U E R
M R X T D E L R E T S E Y H L
H O N E S T L Y L G B L U T Y
V F J T Q O Y Y J Y E Y E A N
```

COLLECTIVE NOUNS

AMBUSH

ARMY

ARRAY

BALE

BEVY

BURY

CAST

CETE

CLUB

COLONY

```
K Y E A Y V B D P Y A N U H I
S F Q W W K G H S V R X R Z P
U H G I C L H S U B M A P O D
H B R L T S A C M U Y H O R S
F E U E L A B D I I S L G E M
Z B R A W B R N H X S D T Y
S Z L D Z D O R O J U T T F T
J B E V Y M N A A P L J U A I
R S R K E Q L E C Y P O G R O
G R L D V R Y H S A R C M U E
G Q N O S T N E C S E D Y O A
V A F C T X A H V F V I R Y B
P H J E H H N G Q O T T J R H
D M S T S Y N O L O C O E U M
Y U H E T Y B J V H W O O B D
```

COVEY MIXTURE RAFTER

CRASH MOB SHOAL

DESCENT PANDEMONIUM SHREWDNESS

HERD POD SLOTH

HUSK POOL

THINGS THAT CAN BE SPREAD

ARMS AND LEGS

BUTTER

CAVIAR

CONTENTMENT

CREAM

DAMAGE

FINGERS

GOODWILL

HONEY

ICING SUGAR

LOVE

MUSTARD

NEWS

PAINT

PATE

PICKLE

PLASTER

QUILT

SEEDS

SHEET

TAHINI

THE RISK

THE WORD

VIRUS

```
S S A T V S G B E S L K C B N
U F E T X N I L R W N S O Y D
R P M E Z R K N J P A I N T R
I Q A T D C I R I L A R T A A
V I E A I S X D H H G E E R T
R T R P L A S T E R A H N M S
E I C I N G S U G A R T T S U
T P R B A D W H R P D B M A M
T L A H O N E Y E R W F E N Z
U I I P U A N B O E I H N D I
B E V O L I V W Z N T T T L F
W D A Z J R E J G L E T Z E V
R L C Z U H D E G A M A D G R
Q U I L T I R H O X E J A S J
D N Y U K S L L I W D O O G K
```

DESERTS

ACCONA

AL-DAHNA

ANTARCTIC

ARABIAN

BLEDOWSKA

GIBSON

GOBI

GREAT INDIAN

JUDEAN

KARA KUM

KAVIR

LIBYAN

LITTLE SANDY

MOJAVE

MONTE

NAMIB

NEGEV

ORDOS

RANGIPO

SECHURA

TABERNAS

TAKLAMAKAN

THAR

WESTERN

```
M N R E T S E W E P G O B I N
N K M D F M U K A R A K N D A
A N T A R C T I C L T H A R I
E L I T T L E S A N D Y Y F D
D B A R A B I A N D D A Q H N
U L Q V O K R K F J K T H L I
J E V R K U L Z B H M A I N T
K D D Y H H O A I T F B V C A
V O G C G P H C M Y Y E S I E
S W E Z I U B C A A S R N E R
X S Z G B S E O N V K N V F G
D K N H S E T N O M H A G N M
B A H X O R T A S H J S N X N
R L E A N R D B V O S N R Y O
G Q V E G E N Z M B O K F G A
```

189

THE BEST

A-ONE

CHOICE

CREAM OF THE
CROP

CROWNING

ELITE

FINEST

FLAWLESS

FOREMOST

IDEAL

JEWEL

LEADING

NICEST

OPTIMUM

PERFECT

PREMIUM

PRIDE

PRIME

PRIZE

SELECT

STERLING

SUPERB

SUPERIOR

SUPREME

TIPTOP

```
E B E X E P I G U C H O I C E
C U P N F M Q G N Q K A G T M
B S E P O Y S B I I O F C J E
O T R A R A H U F I N E S T R
U E F I E T E P P V L W P S P
C R E A M O F T H E C R O P U
I L C T O J P C S B R S T R S
E I T I S O M T R J S I Y Y C
T N D X T U S E F E B T O S U
I G O P I E P K L W P M P R H
L X I M C U L W V E H R T Q T
E T E I S A A B F L P R I Z E
S R N X Y L E A D I N G M M B
P V W U F W D E D I R P U W E
B G U V V N I C M Y C W M S H
```

ELECTRICAL APPLIANCES

BLANKET

BOILER

CHARGER

CLOCK

COMPUTER

COOKER

DOORBELL

DRILL

DVD PLAYER

FREEZER

FRYER

GUITAR

HEATER

JUICER

KETTLE

LIGHTS

MOWER

RADIO

RAZOR

SANDER

SHAVER

TOASTER

TRIMMER

VACUUM
CLEANER

```
O I G A I C F J R R Y E R A B
B M Y D O O R B E L L E B E E
R J O I V A Z K T R I M M E R
D E D W A W O T S K O B H R M
M A N L E O R U A E C P E R G
R K L A C R T E O S W O E X Y
R E E L E G U I T A R Y L S I
F S L T I L A O U U A A A C C
R T R I T R C E B L P N D Q H
E H O H O L D M P L D M O V A
E G Z F E B E D U E A F O A R
Z I A S H A V E R U R N D C G
E L R E V D T W A Y C G K S E
R U R E S T C E E N D A B E R
A F J U I C E R R A H C V Y T
```

THINGS THAT FLOW

BACKWASH

BEER

BLOOD

CLOUDS

EDDY

ELECTRICITY

GEYSER

GRAVY

JUICE

LAVA

MAGMA

MILK

OLIVE OIL

PETROL

RIPPLE

RIVER

RIVULET

SMOKE

STEAM

STREAM

TRICKLE

WATER

WAVES

WINE

```
N X C L N R W M G N I E F S E
O R G D C L A W X X P X X K W
N N Y D D E G Y V A R G L A E
M V K T T P O E S V X I V Y N
A L T S F A G B Y O M E T T I
E R I Y U A V B J S S R P I W
R E K O M S E A R U E Q T C H
T J T G E E H I L I I R H I C
S Z A R R V V S U U P C E R R
P M C I I U I B A G D P E T E
E R V L L C Z L P W K O L C T
T E G E O G K O O Q K P O E A
R Q T Z O U Z L U E E C T L W
O K R Q A E D G E O V A A E B
L Q M N K R P S Y T S L Z B R
```

ICE HOCKEY TERMS

E	F	H	T	K	P	E	S	T	S	T	A	Y	F	U
A	O	A	C	O	G	B	E	F	L	C	V	L	T	J
R	I	U	C	C	H	Z	B	O	A	U	G	L	G	R
U	P	N	T	E	D	S	E	R	S	D	B	I	N	E
O	C	W	T	S	O	N	P	W	H	N	J	K	I	D
F	B	R	O	E	I	F	C	A	I	O	G	Y	W	L
N	B	P	O	U	R	D	F	R	N	C	N	T	T	I
O	N	E	H	S	E	F	E	D	G	S	I	L	F	N
R	M	M	N	C	S	M	E	S	X	I	S	A	E	E
U	A	C	O	C	P	C	D	R	J	M	S	N	L	A
O	J	Y	Q	T	H	D	H	O	E	S	A	E	T	R
F	O	W	Y	Y	F	E	P	E	I	N	P	P	S	O
O	R	N	Z	H	P	S	S	S	C	R	C	O	I	N
Z	E	C	I	W	W	R	T	F	K	K	E	E	H	I
T	S	E	K	C	E	H	C	Y	D	O	B	P	W	M

ASSIST

BENCHES

BODY-CHECK

CROSS-CHECK

DECOY

EMPTY NET

FACE-OFF

FORWARDS

FOUR-ON-FOUR

INTERFERENCE

LEFT WING

MAJOR

MINOR

MISCONDUCT

OUTSIDES

PASSING

PENALTY KILL

PERIOD

PESTS

PUCK

RED LINE

SLASHING

SNAP SHOT

WHISTLE

VARIETIES OF TOMATO

AMANA ORANGE

APERO

ARASTA

BEEFSTEAK

BIG BOY

CHERROLA

CHIQUITA

COSSACK

CRISTAL

FAWORYT

FLAME

GALINA

INCAS

JENNY

JULIET

LATAH

MASKOTKA

NECTAR

ORAMA

PICCOLO

SWEET MILLION

TAMINA

THE AMATEUR

TUMBLER

```
J N U N Z A O H T U M B L E R
H S E Z I N R P A Y A L D G K
S G M C P I A E X T R Z N L A
W W P Q T L M Q S U A O F O E
C Y E W Y A A A E A Z L W M T
O A P E W G R T A M I N A A S
S Y B P T A A T C A H L A S F
S N P I O M B R E T F T P K E
A A P I A J I D K I C Z E O E
C G C E C S G L W U L V R T B
K R H N T C B M L Q Y U O K F
H T Z A I H O A E I B N J A M
K Y L S O H Y L P H O O N D U
C H E R R O L A O C S N C E S
J D E G N A R O A N A M A B J
```

COFFEE

ARABICA

BLUE MOUNTAIN

BODY

CREMA

ESSENCE

FILTER

FRENCH ROAST

GREEN

HOUSE

ICED

INDIA

JAR

JAVA

LATTE

MACCHIATO

MILL

MOCHA

NOIR

ROBUSTA

STRONG

TABLE

TASTE

VIETNAM

WHITE

```
L Z J R P J X F S B I B D R Z
E V X D E F I V V J O Z E I A
A N Y L R L L B O D H N C C A
V I B N T L I T Y M X J I K C
T A U E H I M S D H A B B A T
T T R E M M R A J M A R B E A
I N O R M O Y O E R C I Y C X
B U B G O A C R A T I A D G U
H O U S E M C H W V I O D N X
V M S S H S I C A E A H N K I
S E T T A L S N H O W J W E T
G U A R A M V E V I E T N A M
X L X O X S V R N E A T X L Z
H B H N E S T F X C K T B V Z
Q P S G B L F E W W E B O S R
```

SHAKE ABOUT

BRANDISH

BUMP

CHURN

CONVULSE

JERK

JOLT

JUDDER

OSCILLATE

QUAKE

QUIVER

```
Z U Y R I D C X X R O O T S G
I B T U Y T X K S L E V P Q X
G Y L W D H D S Y T J T Q P E
G N O J I W T U W C A E T I L
M R J R A T N H E I D G R O T
V U E R U S C T R L N M G K T
X H E V E L A H E O G G X E A
S C E T I L H I F E B E E S R
Z L T S L U W G L K K T L L T
R L J I U W Q G T R E D D U J
E C C Q Y O G U Z R N O Z V V
E S C Y A A R V A B E L Q N B
O P O Y W E A Q U K V M R O H
D A O E S C K M E T E R O C K
E Y X C F A P H S I D N A R B
```

RATTLE   SWING   TWITCH

ROCK   TEETER   UNSETTLE

ROUSE   THROB   WAGGLE

STAGGER   TOTTER   WIELD

SWAY   TREMOR

MOTORCYCLE MANUFACTURERS

APRILIA

BAJAJ AUTO

BIMOTA

BRITTEN

BUELL

CAGIVA

CHEETAH

DUCATI

GAS GAS

HONDA

```
A Y R E W S T P F A H T U G U
D D E W A M Y I J L K X L L M
N E M G O T U A J A J A B A Z
O I S O C A G I V A M N N A A
H A T G T Y F G D E M R W H T
G A Y N E O O I G G A I P A O
B V T A E I G U Q V P K Y M M
S R M E R C H U Q T R A E A I
V U I M E Y O S Z C I I L Y B
I V Z T X H U N C Z L D D B L
C T N U T H C F N J I O I U O
T B A H K E T X H I A K R E N
O Z T C Q I N A D R E V A L C
R X I L U K A W A S A K I L I
Y K T G T D S K U H Z P D U N
```

HUSQVARNA	LONCIN	SUZUKI
INNOCENTI	MERCH	TITAN
KAWASAKI	MOTO GUZZI	VICTORY
KODIAK	PIAGGIO	YAMAHA
LAVERDA	RIDLEY	

WELSH PLACE NAMES

ABERGORLECH

BARMOUTH

CONWY

CROESOR

CWMBRAN

FLINT

HAVERFORD-
WEST

HOLYHEAD

LLANDWROG

LLANDYSUL

LLANELLI

MAERDY

MORFA

NEATH

NEBO

```
W A Z M L B A R M O U T H C O
A L U S Y D N A L L V S A R B
Q T Q C H O L Y H E A D D O E
P E R B R P S Y N B H T A E N
E N Z I V R W W E Y M A G S R
N B G J M N N R A Z S O J O R
A Y V O O S G A P N R L R R U
R P F C S O A E R W S E A F T
T I Y V R P T R D B R E N S A
H O S L O M Y N A N M D A E P
I R E Q E W A K I N P W E R Q
D C W I L L A N E L L I C T X
H J T C L P N K X O F H K N E
B V M A E R D Y T B Q H E E O
T S E W D R O F R E V A H P S
```

PENARTH   SWANSEA

PENTRE   TENBY

PLWMP   TRIMSARAN

PYLE   YNYSLAS

RHYL

B WORDS

BARBER

BARREL

BEANSTALK

BECOME

BEDLAM

BEFORE

BELIEVER

BESET

BEVERAGE

BIDIRECTIONAL

```
B Y B U N F R N J W I L B B B
H C R I B B E L I E V E R G X
A B E C O M E B Z L J O U P N
R L A B E D O N E B W P L T N
B B D R E D E T G N O B B H O
Y F B N I S R G A I B S D I B
K M B C O Q E K R R Y B U L B
L J E B N G B T E A B H R N B
A P F B Y U R M V S D E K A Z
T R O V G R A F E X P A R O Y
S X R L E L B R B B S R B O C
N O E K D F G W B N E G U L Z
A R N E O L B M D L M B X V E
E U B I D I R E C T I O N A L
B H C T O C S R E T T U B E O
```

BIODEGRADABLE

BIRCH

BLEW

BLURB

BODICE

BOSUN

BREAD

BREMEN

BROWN

BUGLER

BULB

BUNKER

BUOY

BUTTERSCOTCH

WORDS CONTAINING TEA

ATLANTEAN

BEDSTEAD

BEEFSTEAK

BRACTEAL

BRAIN-TEASER

CHATEAU

GATEAU

GLUTEAL

HOMESTEAD

INSTEAD

LACTEAL

OSTEAL

PLATEAU

PROTEAN

STEADFAST

STEALING

STEALTHY

STEAMER

STEARATE

STRIPTEASE

TEAMSTER

TEARING

TEASING

UNSTEADY

```
W O D P G G U O S T E A L N S
B N P R V N X A S Y T M R A T
B A L K E I I T E E M E D E E
U E A C N S E L A T S R M T A
Z T E P D A A M A A A H D N L
B O T F D E S E E O G W A T T
R R C F S T E T T M T M B L H
A P A M E T N R E P H S E T Y
C S L R O I E S L I I C D A J
T K I I A M T A N Q H R S O G
E T A R A E T S K A I C T K T
A C B E A E T A T M A R E S E
L H T D A E D E G N I R A E T
I S Y U A L A E T U L G D D Y
B F G D U U N S T E A D Y J V
```

MADE OF WOOD

BARREL

BEAM

CABIN

CHAIR

CHEST OF
DRAWERS

COAT HANGER

COCKTAIL STICK

DESK

EASEL

GATE

GUITAR

HUTCH

KENNEL

MATCHSTICK

OARS

```
Z S W T E L L A P G O G A T E
M N R M A T C H S T I C K V K
R Y K E U E C B E W L O E I C
L I C Z W T E L Y E I C A Z I
Z E A M U A B A S A L N B R T
S R R H P K R A T L G S G K S
R R E R C E E D A Q E S G L L
E E N G A X N J F U D N B Y I
T R I V N B M C V O G W N F A
T A W S R A E T I U T A L E T
U F R T Q R H E R L O S Q R K
H T I H M L I T R P S N E S C
S N E P Y A L P A T E P E H O
G U I T A R E N V O B D E U C
U Q N I B A C B R R C Q Z W P
```

PALLET

PENCIL

PEW

PLAYPEN

RAFT

SHUTTERS

SWING

TRUG

WINE RACK

INTERNET

BLOGS

CLICK

CODES

CONNECT

CYBERSPACE

FIELD

FRAMES

IP ADDRESS

LINKS

MODEM

NESTING

NEWSGROUP

ONLINE

PAGES

PASSWORD

```
R X P P R E D D L S G C H Q M
S E P P U E C M O A G A P S T
M E D N A O L R R D G O E S X
P N D I O G R W U H F M L C S
J C S O V I E G A O A I L B S
G O U U C O T S S R S I E L E
Z N R T P N R A F W C U U L R
S N I I A L Y P C K E B S I D
U E V T S I O P E N C N E U D
R C N L S N X A J C U U N W A
F T H E W E W K D L I R E G P
I Y C B O H N X L N I V T P I
N B V K R F T G N X S N R P V
G B M E D O M U M T I U K E C
L H Y E C A P S R E B Y C S S
```

SERVICE
  PROVIDER

SOURCE

SURFING

TITLE

TRUNCATION

UPLOAD

USENET

VIRUS

WEB CRAWLER

FAST FOOD

BUNS

CARTON

CHEESE

COMBO

COUNTER

DOUBLE

DRIVE-THRU

FISH

FRANCHISE

FRIES

B	M	G	X	O	D	R	A	T	S	U	M	A	Y	O
D	S	E	O	T	A	M	O	T	F	B	N	P	Y	K
W	G	U	M	Z	L	A	S	G	B	H	V	E	I	G
C	P	U	U	D	A	D	L	C	U	U	S	D	M	J
K	X	A	R	H	S	O	A	A	N	P	S	I	A	U
E	V	S	R	H	N	R	E	R	S	L	A	C	F	X
S	S	E	A	T	T	D	M	T	X	A	U	H	F	U
P	C	I	L	H	Y	E	Y	O	A	S	C	E	L	T
Z	N	R	H	C	E	R	V	N	H	T	E	E	E	Y
E	N	F	O	C	O	S	V	I	C	I	S	S	T	Z
B	L	M	V	F	N	G	F	J	R	C	X	E	T	E
V	B	B	O	O	U	A	R	S	T	D	M	A	U	A
O	K	A	U	E	V	G	R	E	T	N	U	O	C	Q
Z	M	F	R	O	Z	E	N	F	V	R	G	D	E	K
R	L	T	U	S	D	L	F	Y	D	D	N	W	M	N

FROZEN

KIDS

LETTUCE

MAYO

MEALS

MENU

MUSTARD

ORDERS

PARTY

PLASTIC

SALAD

SAUCES

STYROFOAM

TOMATOES

STAGE PLAYS

ADVENT

AMADEUS

ATHALIE

CAMELOT

CLOUDS

EGMONT

ESCAPE

EXILED

FROGS

GALILEO

GYPSY

HAMLET

HELEN

LE CID

MEDEA

PLENTY

PRIVATE LIVES

PROOF

SALOME

SYLVIA

TANGO

THE VEIL

TOP GIRLS

TRIFLES

```
S M T X Q V S L I E V E H T Y
T U O R E S C A P E Y S P Y G
O X E R I G Y Y W A E P P D Y
P Z J D L F M H V A D V E N T
G R I Y A D L O S G O R F N N
I L I D H M H E N M H K Y U E
R S B V T S A Y S T S I N Z L
L Z A F A E M Y O Y T R H E P
S R W L X T L L A E T A C L X
L G L I O V E X P E L I N O D
R I L C I M T L O C D I O G U
Q E P A A K E L I B R E L Q O
D H A C L O U D S V B S M A N
F O O R P E P K I H E L E N G
N I Q O Q R P I K Z M S I M Q
```

C WORDS

CACHE

CADENZA

CADMIUM

CAESAR

CAGEY

CAKES

CATCH

CEREAL

CERTAIN

CHEATER

CHEESE

CHERRY

CHUTE

CLANDESTINE

CLARIFIED

CLASS

CLIQUE

CLOAKROOM

COBRA

COPYRIGHT

CROCUS

CRUMBLING

CUCKOO

CUCUMBER

```
C E Y B P C N V R B M C E C C
C A D E N Z A M L H T U E L Z
C N C L G N M C I N Q Q H A R
O R A S E A C A M I C G C N R
P K C D L T C T L A R N A D W
Y S C R E N U C H T O I C E G
R R S L E I E H K R C L C S F
I C R A O T F Z C E U B R T C
G U K E L A A I R C S M A I A
H C M M H C K E R C M U I N D
T K A G P C A R H A I R W E M
Z O M K C L M E O C L C C F I
P O M A E F E O C O E C Y X U
A R B O C S C U C U M B E R M
C E N B E B Q M C U O D G C U
```

READY

Q	G	K	M	S	D	I	K	B	Q	T	H	G	Z	H
P	N	E	E	K	O	E	E	R	D	R	A	F	X	D
D	U	F	T	P	T	A	M	Z	A	E	G	L	P	E
E	D	D	Z	A	S	I	Q	I	E	L	O	X	Z	N
T	G	W	E	T	I	U	F	Q	R	A	G	P	A	N
E	R	I	U	R	I	D	U	Q	P	P	G	D	Z	A
L	E	T	W	C	A	I	E	U	P	E	P	E	I	L
P	E	D	K	D	P	E	X	M	S	T	T	C	R	P
M	A	A	E	P	T	N	G	H	M	B	A	A	F	F
O	M	X	E	M	T	Z	A	U	P	I	P	R	J	S
C	I	D	D	P	R	R	Z	R	Z	I	S	B	M	H
F	D	H	M	J	P	R	R	E	D	R	O	N	I	Z
B	F	O	C	L	E	V	E	R	R	L	J	P	M	T
Q	R	G	N	R	I	G	G	E	D	O	U	T	E	Y
P	S	W	Q	E	J	Y	W	T	F	I	W	S	A	G

AGOG

ALERT

ASTUTE

BRACED

CLEVER

COMPLETED

DONE

EAGER

EQUIPPED

FIT

FIXED

GEARED UP

IMMEDIATE

IN ORDER

KEEN

PLANNED

PRIMED

PROMPT

QUICK

RAPID

RIGGED OUT

SET

SHARP

SWIFT

DISCREET WORDS

CAREFUL

CLOSE

COY

DEMURE

DIPLOMATIC

GENTLE

GUARDED

HEEDFUL

MINDFUL

MODEST

POLITIC

PRUDENT

QUIET

RESERVED

RETIRING

```
L T E I U Q E V I T I S N E S
U T Y Z G I R Z L Z R B V I E
F N O G N I M U S S A N U R L
T E C D I L Q I D W T E O U U
C D C I R U U E O R Y L W T F
A U T I I A V N U T C T W W D
T R D J T R E S G B S N V A N
W P S C E I T E R U M E D R I
H H N S R W L Q F Z A G D Y M
Y E E K O E S O L C T R S O J
I R E R Y C J V P Z K Z D E M
A E T D I P L O M A T I C E Q
R H S N F L U F E R A C I M D
Y E V I S U R T B O N U J R P
N G C F W V L E L B I S N E S
```

SENSIBLE

SENSITIVE

SHY

TACTFUL

TRUSTWORTHY

UNASSUMING

UNOBTRUSIVE

WARY

WISE

Y WORDS

YAHOO

YAKS

YAMMERING

YANKED

YARMULKE

YARNS

YARROW

YEARNINGLY

YEAST

YELLED

```
Y F R E G Y C O Y F S S Y G W
T S A E Y E Y O L K W N G Y O
H A C J K L Y G D E K N A Y R
S K A Y P L Y E Y N F M E U R
Y U E C A O U K M J M A Y M A
Y U K O N W C M L E R R E M Y
Y P Y Y G I K Y R N N O E Y B
E O R J G N Y I I A Y I R Y Y
S E U E S G N N Q O Y Y E O G
T U G Z S G G A Y R C I G O Y
E W A Y X L F E C Q V U N O Y
R H Y G Y Z L B Z C R G U F A
D R Y L B L M Y I T U O O Y H
A A N N E Y A R N S A Y Y X O
Y Y J D H S F V C B Y N N T O
```

YELLOWING

YEMENI

YESTERDAY

YEW

YOGIC

YOGURT

YOLK

YOUNGER

YO-YO

YPRES

YUCCA

YUCKY

YUKON

YUMMY

HOUSE WORDS

AGENT

BOAT

BOUND

CALL

CLEANER

COAT

DETECTIVE

FLY

GUEST

HOLD

LEEK

MAID

MASTER

OF CARDS

OF LORDS

PLANT

PROUD

ROOM

RULES

SITTER

TRAILER

WARMING

WIFE

WORK

```
Y R M E V I T C E T E D R R V
L Z S E L T O U P B B U E I A
F V Y T R A I L E R E T T E S
R V E O T U A Q T Q T S S T S
X U I Q Q N D S R I C B S D R
Z F L Z T N K E S S D K R K T
I N M E U M T J O D H A E A C
E X E O S S J V F O C W O E A
W D B V A Y F P L F S B R A L
G N I M R A W D O T S V V Q L
S J T A W I F E R E N A E L C
J R U A M O M F D K U E C P S
P R O U D G U E S T R G G P Q
R Q L O Z S M F H M F O I A A
O G E Q M W A R D I N T W D Z
```

SUPERMARKET SHOPPING

BAGS

BAKERY

BASKET

BRANDS

CEREALS

COUPONS

DAIRY

DELIVERY

DETERGENTS

DISCOUNTS

DRINKS

FRUIT

INFORMATION

OFFERS

PACKAGING

PURCHASES

RECEIPT

SAVINGS

SERVICE

SHELVES

SHOPPING LIST

SIGNS

VEGETABLES

WINES

```
G Y N O I T A M R O F N I S S
S R Y Y N E S G N I V A S E I
T I Y R E V I L E D Y J A S L
N A F G E S C O U P O N S A L
E D H T S I L G N I P P O H S
G M H G T E R A D R I N Y C S
R E A R T S N S E R T S B R T
E B M G R Y H I K R D Z E U N
T P I E C E R B W N E C W P U
E J F D L S A E A A I C L G O
D F H V I S D R K V E R B R C
O Z E G K R B A R A J U D B S
W S N E V E G E T A B L E S I
E S T E V K S H E T I U R F D
G N I G A K C A P O R T E U E
```

THE NORDIC REGION

ARCTIC CIRCLE

BALTIC SEA

DENMARK

FINLAND

FJORDS

GLAMA RIVER

HARDFISKUR

HAVARTI

HELSINKI

HERNING

```
O L S O G N I N R E H Q S I Y
K S T E W L D N A L N I F G E
F B O U S K A G E R R A K R L
J A C U T R O M S O U H H O C
O L K M N E N N A N K A O B R
R T H J M A O K R R S E L I I
D I O S V R R M F V I V S V C
S C L A W A I E A G F V T I C
V S M A M T D L G E D H E S I
A E Y N R S B N T N R F B R T
N A E A W A V A A K A E R H C
E D V E R C X R O L H V O F R
Y A D D V M J V U P P S A L A
H E K R S G N I K I V A E T H
N H E L S I N K I M P J L Y S
```

HOLSTEBRO

LAPLAND

NARVIK

NORWAY

OSLO

SKAGERRAK

STAVANGER

STOCKHOLM

SVALBARD

SWEDEN

TROMSO

UPPSALA

VIBORG

VIKINGS

F WORDS

FACILE

FALLEN

FANTAIL

FASTER

FECUNDITY

FEMUR

FENCING

FETID

FEZ

FIANCEE

FIDELITY

FIFTH

FINCH

FLINT

FLOOR

```
R U M E F H K N A R F F S F F
F L O T S A M L F F L B Z N F
V B T E D E R M J U F E N E S
I P R H Z G V E F S E I C D F
F F P T G N L F T E G U F I J
E O O F H I Y I I S N C B T Y
C E J F C R R D Y D A C V E H
Y F C A H F N H I W E F I F T
L O F N F F W T T Q O L C N E
F O F H A F Y F B R F D I C G
L T O A N I Y A F E O L E T L
O F S L T N F L I A F F A Y
O A S F A C Q L U O E U I F Y
R L I O I H F E J V S F L V M
F L L K L F L N D N E I R F F
```

FLOTSAM

FLUFFY

FOOTFALL

FORTHRIGHT

FOSSIL

FRANK

FRESH

FRIEND

FRINGE

IN THE MAIL

ADVERTS

BOOK

BULLETIN

CIRCULAR

CLAIM FORM

COUPON

COVER NOTE

CREDIT CARD

EXAM RESULTS

INVOICE

LEAFLET

LETTER

MANUSCRIPT

MISSIVE

OFFER

PACKAGE

PARCEL

POSTCARD

PRESENT

RECEIPT

REMINDER

STATEMENT

TAX RETURN

TICKETS

```
H C D T E L F A E L M S V D C
E F R C V T A X R E T U R N L
B A A M M Z O P G L S A D O A
S M C W V A C N U A C P E P I
L E T T E R N S R T R E R U M
M I S S I V E U I E G I B O F
I X O S S R H D S A V U E C O
H N P B M K E E K C L O E R R
T Y V A T R N C R L R B C M M
I I X O C T A I E A L I O R A
R E C E I P T T I E L T P O C
E T I K E C I R C U L A R T K
F A S R E N E R E M I N D E R
F M U S C T A D V E R T S U X
O E T N O P S T A T E M E N T
```

RACECOURSES FOR HORSES

ARLINGTON

ASCOT

BELMONT PARK

CHANTILLY

DEL MAR

DELHI

EPSOM

EXETER

FAKENHAM

FOXTON

GALWAY

KELSO

KEMPTON

KENTUCKY
DOWNS

LEOPARDSTOWN

LONGCHAMP

MYSORE

NAAS

OAKLAWN

PERTH

PIMLICO

RIPON

WARWICK

ZIA PARK

```
V N B E L M O N T P A R K W K
W Z O I H T R E P I V D J E K
J A F P S A O X O E M Z N I K
N D R N I N L E S F U T T E N
O B E W I R M T L L U D M W W
T T A L I J O E E C E P A C O
X O B S H C M R K L T L M H T
O C V Q I I K Y M O K Y O A S
F S F L J R D A N A S W S N D
F A M Q A O R G O O K B P T R
S I R P W H A N R S E J E I A
P Q A N U L D E D B N G X L P
I I S M W M A H N E K A F L O
Z M I A R L I N G T O N A Y E
Y J Y L O N G C H A M P H S L
```

ARCHERY

ANCHOR POINT

ARBALEST

BARE BOW

BELLY

BOWMAN

BOWSTRING

BUTTS

FAST

HOLD

LINE OF SIGHT

LOOSE

MARK

NOCK

NOTCH

PILE

PLATE

ROUND

SERVING

SHAFT

SHOT

SLING

TARGET

UPPER LIMB

YEW

```
Y U O D T N I O P R O H C N A
S E L V Q B U T T S B K Z K U
L G I S E T A L P M H O L D V
I N O L P I L E I Q A M J W S
N I H I N D Y L O K P A T H S
E R D N U O R J X N E U A H B
O T W G O E V N Y D S F D I B
F S B X P C U X I L T Z O A G
S W P P Z T K S E E L T R H N
I O U T S E L A B R A E A C I
G B F W T S A F L K B G B T V
H O S K E E Q O J O R R U O R
T A H Y D Y O I W X S A Y N E
B Y O R X S E C R N O T M O S
A A T Z E D M Z J B O W M A N
```

215

GULFS

ADEN

ALASKA

ANTALYA

AQABA

ARABIAN

BOTHNIA

CADIZ

CAMPECHE

GDANSK

GONAVE

LEPANTO

MAINE

MARTABAN

MEXICO

NICOYA

OMAN

PARIA

PERSIAN

RIGA

SAINT LAWRENCE

SAROS

SIAM

SUEZ

URABA

```
A G C Z Y B O R X F N A B P A
F L A L E P A N T O A R T Q N
S P D X V K A E R A M A A B T
G R I P S A I N H T O B P C A
D I Z A P J B N V N A I D Q L
A G L N A B A T R A M A B C Y
N A I R A P M S Q I W N Q P A
S Y G G G U R P A S B C O Q M
K S A I N T L A W R E N C E C
M P A B A R U G O E O W L K F
G D Y R R C O C L P J S N L E
A S U E Z N I C O Y A L J S N
D R F O A X N H K T X H F I I
E Z O V E L J J C X C W H A A
N X E M E H C E P M A C O M M
```

GODDESSES

AMPHITRITE

ARIADNE

ARTEMIS

ATHENE

AURORA

CYBELE

DEMETER

DIANA

DURGA

FREYA

FRIGG

HATHOR

HECATE

HESTIA

IRENE

```
I H E S T I A A U D M N A T Q
E S M Z C D E S R J A G R U D
G W H A B N P N U O B R G K H
G G O T E H E E X N D Q A L F
I A B H A M I E R A E N R P E
R R T T E R A M N T N V A P T
F A H S X A S R H E U A C P I
X O I P E I Y M O S R N I I R
R S L M M V O E E R K I D D T
P X I E F R E M R T U A Z A I
B H T E R N P W G F A A L F H
O R W I I M E L E B Y C Q C P
A G G A E R U D E M E T E R M
E A M P G R H I A N N O N H A
N T Z N H E N D A I R A N U Y
```

ISHTAR

LAKSHMI

MORRIGAN

NEMESIS

PANDORA

PERTUNDA

RHIANNON

VENUS

VESTA

FABRICS

BOMBAZINE

BUCKRAM

CANVAS

CHINTZ

ERMINE

FELT

KHAKI

LACE

LAWN

LINEN

```
N W A L T I N I K S P E E H S
H S A V N A C B N D I X G G A
W I N C E Y E T T E L L B L T
L X T C B A J Y W N N X K Y E
E L X N E E D L E C O R D A E
N E N I L K T O E N X Q G I N
E X S A D M B L D C H I N T Z
L O C U P U O H E M O E I R R
Y E X H C O M K R F D I K I F
R D M K W B B O M S G D C P F
E G R E S H A I I I J N I K X
T A P J R F Z F N R K A T H K
M A A D C I I I E Q E G R A K
E L S I L O N L O D S R L K Q
D I A I D U E O M A R O M I R
```

LISLE

MERINO

MOIRE

NEEDLECORD

ORGANDIE

SATEEN

SERGE

SHEEPSKIN

SILK

TERYLENE

TICKING

TWEED

WINCEYETTE

WOOL

CURTAINS AND DRAPES

BLINDS

BRACKETS

CLOSED

COTTON

DRY-CLEAN

FABRIC

FITTINGS

FRILL

HOOKS

LACE

LINED

MATERIAL

NETS

PATTERN

POLYESTER

PORTIERE

RAILS

SHOWER

STAGE

THERMAL

TRACK

VALANCE

VELVET

WINDOW

```
N R E T T A P Q A F D D B M S
W Q U I S C L M A T E R I A L
C L K H T K E C Y P S Y S C I
I C Z O K C O D G O O C H F A
R R Y L N X L O F R L L O R R
B T R A C K R I H T C E W I F
A B L N S W B M N I C A E L R
F A Z O B G O D P E S N R L E
V N E T R P N D E R D P E P T
T Z Z T A Q S I N E L A C E S
M Y S O C I R D T I B V R T E
Y D T C K F U U N T W C E S Y
E F A V E L V E T I I N N Z L
S I G V T H E R M A L F N C O
Z M E Q S X S G Q F L B V O P
```

SCARY STUFF

```
Y D B O K S T A R T L I N G Y
L C K W F Z L E M O R B I D L
S T H R E A T E N I N G V K T
I F E A R S O M E Z E A E D S
R S G M I B S H I V E R Y R A
G B I N C B I C E L I U X R H
G N I N E T H G I R F L V G G
G S U G H O C E Y N U H H S W
S I K Q R R M R O F O O O Y Y
P G P R E O E D D R U M P H D
O V I E S D E A R L E A E K O
O D P E D B E I I I E E K D O
K Y U U T R F S E A E M R P L
Y R H P D I H Y T L I W U I B
G S H O C K I N G I E J U D E
```

ALARMING

BLOODY

CREEPY

DEMONIC

DREADFUL

EERIE

EVIL

FEARSOME

FRIGHTENING

GHASTLY

GHOULISH

GRISLY

GRUESOME

HORRID

HORRIFIC

MORBID

SHIVERY

SHOCKING

SHUDDERY

SINISTER

SPOOKY

STARTLING

THREATENING

WEIRD

STOP

```
L T W Y S D R K Q E B E N T V
K R E P L I V Z P E K O V E R
A O U A H N N E M Y D F J K Y
N B P R I Q H V T N F B V Z H
N A P C E I Q A A O D R H E K
I I R S X T Z B L L N B F S N
H K K N X L A L Q U I T C D R
I S C C N U A N X L C D H K U
L X I O A C H E I C S O A A T
A D F L L P V Q P M E O L T R
T C I B O B L I T E R A T E E
E L N A C B K V Q F R E S P V
V O I Q F O A I O E S S T E O
V S S O G O N U L I E Z O X S
A E H T U O T U C L D L N V E
```

ABANDON

ABOLISH

ABORT

ANNIHILATE

BLOCK

CALL OFF

CEASE

CLOSE

CUT OUT

EXTERMINATE

FINISH   OVERTURN   REVOKE

HALT   PACK IN   SCRAP

INVALIDATE   QUIT   VETO

KILL   REPEAL   VOID

OBLITERATE   RESCIND

WEIGHTS AND MEASURES

ACRE

BUSHEL

CARAT

DRAM

FATHOM

FURLONG

GILL

GRAIN

HAND

HECTARE

HOGSHEAD

INCH

LEAGUE

MILE

MILLIGRAM

```
F C M E T T A D G R L T S N A
I B L S A T Y A U U L N X I V
I I N T R S A Y E L T D P A L
M H X B A H C W C E K D K R B
A T C D C N L R N X U C N G U
R M I N D Z N G U Z E G J A S
G F I H N V N Y O P Q N A P H
I X K H U X Q G I L L Y C E E
L T S P O O N F U L U E R F L
L M U X P G M A M E O A G U N
I C P G Y D S O Q O T T Q R E
M G K D D E H H L C I H F L Q
K Q U A R T U N E O A E P O P
E K P C A A D H H A O R I N Z
D F A F Y K M U Q I D M P G F
```

OUNCE

PECK

POUND

QUART

SCRUPLE

SPOONFUL

THERM

WATT

YARD

HARD TO SEE

BLURRED

CLOUDED

CONCEALED

CONFUSING

DARK

DUSKY

FADED

FAINT

FOGGY

GLOOMY

HAZY

ILL-DEFINED

ILL-LIT

INDISTINCT

MISTY

MUDDY

NEBULOUS

OPAQUE

OUT OF FOCUS

PALE

SHADOWY

SMOKY

VAGUE

VEILED

```
C K O Q T Z V J S O R D R Q C
O S Y Y E O K C K A E L M T I
N E U G A V N P L N H Y Z A H
F O G G Y S A G I O L E A G Y
U W S G L L U F C Y U T Y T S
S T W H E D E O K B I D C T U
I D C Q A D P S L L D E E N C
N I E N L D U X L U F L F D O
G E P L I D O L M R B A A D F
G U I A I T I W I R W E I G F
C Q G M H E S M Y E S C N L O
F A D E D M V I R D X N T O T
O P S A O C W S D K M O Y O U
D O T K R Z J T G N Q C G M O
I D Y X R K Y Y U K I E A Y V
```

MOONS OF THE SOLAR SYSTEM

ARIEL

ATLAS

BIANCA

CALLISTO

CALYPSO

CRESSIDA

CUPID

DESDEMONA

DIONE

ENCELADUS

```
O X X P K M S T O E F D D I G
S L E I R A O T I U Z U O X M
P I O E L J S Y T R E L L J W
Y F A T N I D P H O N I Q Q S
L Z A R L C X E D P O A K Q B
A I O L N E E I S A I Q T D R
C F A A T A P L A D D X V I F
V C Y O C U Q G A P E Y D E T
T R L G C N A N A D E M F R S
Y E C L E I A D L N U T O E G
A S W C K D N I R S Y S U N S
E S W N Y A U W B L A M V S A
H I J H L Z L I Q E E M E N M
R D M M A Q T Q E D F R I D G
I A N R K U S U N A J I V M E
```

EUROPA　　　　KALYKE　　　　NEREID

FORNJOT　　　LEDA　　　　RHEA

GANYMEDE　　LUNA　　　　SIARNAQ

IAPETUS　　　MIMAS　　　　TITAN

JANUS　　　　MNEME

MAIN WORDS

BRACE

CLAUSE

COURSE

DECK

DIAGONAL

ELECTRIC

ENTRANCE

FRAME

LAND

LINES

POINTS

REASON

ROADS

SEQUENCE

SEWER

```
O Y T R D F D R E W E S Z T T
V A C O U R S E L E C T R I C
L T I U P S A S E Q U E N C E
U S V N T M P Y R G R H W Q R
L Q T O P S A I L X N V L I H
O A R M S Y Q S L P O I N T S
A E N Y S H E E T J U Q R T L
S F G D A D W L B V D H R P L
K Q E C N A R T N E I E K L S
E C A R B N K S X U A J B G X
P C P D O V H D N M G P L F D
P N Q S E S U A L C O I S R E
Q C A G H I X O L K N A A A C
H E A Y Y R D R N E A Q D M K
R W A T E R P K S A L V L E F
```

SHEET

SPRING

STAY

STORES

STREAM

TOPMAST

TOPSAIL

WATER

YARD

COLD

ARCTIC

BLEAK

BLIZZARD

CHILLY

COOLNESS

FREEZING

FROST

GELID

GLACIAL

GOOSEBUMPS

GREENLAND

HAIL

ICEBERG

ICICLE

NIPPY

```
A R K S A F S D R A Z Z I L B
W E I Y N T J S E C T H D L B
I U A A N O A F E S L F I I R
N E O I N O W T O N Q F L A V
T I I R T O T S U I L R E H G
R M C E R G A S T L G O G S N
Y B E B E L R X Y O T S O T I
A L B I M A F E P P R T U C Z
S E E S B C E O E L P M H I E
I A R U L I L S A N N I D T E
B K G L E A C B S S L P N C R
E A S W R L I L R L P A M R F
A R D N U T C R Y U U N N A T
Y S E L E M I P E S O S E D I
O C S P M U B E S O O G H G J
```

POLAR

SIBERIA

SLEET

SLUSH

SNOWSTORM

STONY

TREMBLE

TUNDRA

WINTRY

SHARKS

ANGEL

BEAGLE

BLUE

BRAMBLE

CARPET

GANGES

GHOST

GOBLIN

KITEFIN

LEMON

MAKO

MILK

NIGHT

PONDICHERRY

REQUIEM

```
E K H Y N L S Z U F V U X O Z
A T Q K S I Z H P L G Q K N R
I I P W N B F W Z H E A M W S
F G G H A Z X E O G M O T T I
Y E D I P S B S T S C H O O L
I R U S P X T X H I G E H B V
E O R K E N G O C I K T L M E
L S L E R R V C N P O E E U R
B I C R H E L E M O N I L D T
M G G Y L C C U T P U B G D I
A G U H Z A I R A Q A I A Q P
R Y E E R T A D E S A N N H F
B A B P O E H R N B E A G L E
D R E P P N I L B O G M E E S
A T E S E A A I S X P K S R L
```

SCHOOL

SHOVELHEAD

SILVER-TIP

SNAPPER

SPEAR-TOOTH

TIGER

TOPE

WHISKERY

ZEBRA

ABRUPT

BLUNT

BRISK

BROKEN

BRUSQUE

CRAGGED

CRAMPED

CURT

DIRECT

DISCOURTEOUS

GRUFF

HARSH

HASTY

JERKY

PITHY

RAPID

```
Q H D B T R B D A H Z R U D E
U J S E G J O E E G G V V I A
M E H F P B A G Q U S N C S J
Y D E K R M L G Q O Q Y E C E
T X W O C T A A A R L S K O R
G R K S I R B R B O H J U U K
J E U Q Y Z Y C C Q N Q J R Y
N P S C B T S P R B P P T T B
R W I L P J S E P C R R C E P
V O U T J G E A T A O R E O Y
G N R E H H S F H H N G R U H
T C A R S Y I S S C H S I S A
N W P S A W F F U R G G D U R
L F I E S G N I S I R P R U S
Y Y D Z C S C A V A V L T S H
```

ROUGH

RUDE

SHARP

SHEER

SHORT

SNAPPY

SURPRISING

SWIFT

TERSE

WORDS CONTAINING LIP

CALIPERS

CALIPH

CIRCLIP

CLIPART

COVER SLIP

COWSLIP

ECLIPSE

FILLIP

FLIP SIDE

FLIP-FLOP

```
P V P I L E R A H H V D P P H
I F L I P F L O P L O K I I P
L Z T J C V Z R W H I L L L I
I C H U O C X U S U S P X L L
H I P P P Q L P N M M I O I L
P R I I I I I Y D Y L I F L
E C L L L L L G P S E N I H O
C L I S S S C L K A D R Y E L
L I P W N L Y A I E R S L D L
I P U O O T Z A L L P T P I I
P L N C N S R E P I L A C S P
S O C O V E R S L I P P T P O
E U L I P S Z U U L P H Z I P
S R I N O I T C U S O P I L X
P A P E R C L I P L I P U F C
```

GYMSLIP

HARELIP

LILLIPUT

LIPOSUCTION

LOLLIPOP

NONSLIP

OXLIP

PAPER CLIP

PAYSLIP

PHILIP

SLIPSHOD

TULIPS

UNCLIP

UNDERLIP

CITIES OF ENGLAND

BATH

BRADFORD

BRIGHTON

BRISTOL

CAMBRIDGE

CARLISLE

COVENTRY

DERBY

ELY

EXETER

GLOUCESTER

LEEDS

LINCOLN

LONDON

NORWICH

PORTSMOUTH

PRESTON

RIPON

ST ALBANS

SUNDERLAND

TRURO

WELLS

WOLVERHAMP-TON

YORK

```
B V W V C S Y R T N E V O C W
R G W L H G N E L S I L R A C
I Z L O O T N A J O N Y O N A
G L U O L T U R B H M Y X O M
H W C A U V S O I L V R Z T B
T R U R O C E I M P A X T S R
O R G S F Y E R R S O T U E I
N E N L O L A S H B T N S R D
H T L L Z E I L T A D R I P G
C E O E K M I N E E M Q O C E
I X C W U R G C R E R P B P H
W E N O D N O L A A D S T T F
R D I E Q P A Y U Z V S A O V
O G L U T N D A D E R B Y Q N
N Z I M D P D R O F D A R B R
```

AIRPORTS

BEACH

BIKINI

CAMERA

CAMPING

DAY TRIP

DESTINATION

EMBARKING

GUIDE BOOK

HOTEL

JOURNEY

LUGGAGE

MAPS

OUTING

POSTCARD

SCENERY

SUITCASE

TAXI

TOURIST

TRAVEL AGENT

VIEWS

VISA

VISITING

VOYAGE

```
G J L A S E I S R E H A G S T
N L U G G X E G P C F G N W N
I N L K A S E N A A E P I E E
T O F T M Y X E A J M N K I G
I I P K O O B E D I U G R V A
S T O N E Y B I K I N I A E L
I A S G E A M E L A F N B V E
V N T I S T R O P R I A M J V
G I C A R E M A C F D D E O A
N T A O S U I T C A S E Y T R
I S R U F Y O B Y T A A O H T
P E D T V L E T O H G R A G D
M D H I S R R S C E N E R Y B
A O S N A I L A Y E N R U O J
C A T G P E G A G G U L E U I
```

ASSOCIATE

ALLY

ASSISTANT

ATTACH

CHUM

COMBINE

COMPANION

COMRADE

CONFEDERATE

CONNECT

CONSORT

V	F	C	B	P	V	G	E	N	I	B	M	O	C	K
C	V	W	O	L	L	E	F	T	E	V	N	V	H	L
Q	F	K	Z	T	E	C	X	V	A	T	Y	I	O	F
U	C	O	M	R	A	D	E	J	C	L	I	L	O	U
L	F	R	D	O	G	F	D	X	O	T	E	N	L	J
O	I	Y	C	S	U	C	R	I	N	W	Y	R	U	A
K	E	N	R	N	E	O	A	I	F	S	Z	L	R	V
R	L	E	K	O	Y	M	L	F	E	E	T	A	M	D
A	G	D	Z	C	M	P	P	S	D	N	L	R	B	C
I	N	H	L	U	N	A	F	A	E	P	D	K	D	C
L	I	W	H	X	T	N	H	O	R	L	R	V	L	O
I	M	C	D	N	T	I	H	C	A	T	T	A	X	U
M	T	C	E	N	N	O	C	X	T	G	N	Z	R	P
A	E	V	L	O	V	N	I	F	E	J	D	E	Y	L
F	O	L	V	A	S	S	I	S	T	A	N	T	R	E

COUPLE   JOIN   PARTNER

FAMILIAR   LEAGUE   RELATE

FELLOW   LINK   UNITE

FRIEND   MATE   YOKE

INVOLVE   MINGLE

MYSTERIOUS

ARCANE

BAFFLING

CREEPY

CRYPTIC

CURIOUS

FURTIVE

HIDDEN

INSCRUTABLE

LEGEND

MIRACLE

MYSTERY

MYTH

OBSCURE

PECULIAR

RECONDITE

```
I  C  I  T  P  Y  R  C  H  N  W  E  I  R  D
U  O  B  S  C  U  R  E  Y  D  A  H  S  K  B
R  H  E  B  W  E  P  I  U  G  A  E  T  A  H
D  E  L  I  E  V  N  E  D  N  B  K  F  Y  P
A  D  J  P  O  E  N  U  C  D  C  F  R  I  M
R  S  Y  T  D  A  S  S  W  U  L  L  E  E  S
E  E  J  D  C  S  E  I  T  I  L  I  E  P  E
C  D  I  R  E  V  L  F  N  R  S  I  N  A  C
O  H  A  U  R  A  J  G  Y  I  A  E  A  G  R
N  S  E  L  B  A  T  U  R  C  S  N  I  R  E
D  E  N  I  A  L  P  X  E  N  U  T  G  G  T
I  C  U  R  I  O  U  S  T  C  G  C  E  E  I
T  F  U  R  T  I  V  E  S  P  W  U  A  R  V
E  I  S  E  U  T  R  N  Y  E  Y  H  E  N  E
D  C  D  N  E  G  E  L  M  I  R  A  C  L  E
```

RIDDLING

SECRETIVE

SHADY

SINISTER

STRANGE

UNCLEAR

UNEXPLAINED

VEILED

WEIRD

RED THINGS

ANT

APPLE

BLOOD

BRAKE LIGHTS

BRICK

CLARET

FIRE ENGINE

FLAG

FOX

FUCHSIA

GARNET

GRAPE

HOLLY BERRY

INK

MARS

```
G D O O L B T A R O S E P B R
G T F L S E I M P R F E Z T X
I O E X S S R A M L P X G S R
X H X N H J G X A P L W U U W
B N U C R Y A G E H U J B R M
R S U N D A R R K T M Y X S D
A F S U C R G R O U S L U J E
K L C I E L R M E Y J I Y N H
E U G L T N A I E B I O I K N
L D N U E T P R N L Y W R S N
I V K F O Y E V E O P L U G G
G U C W I C K S T T M P L U J
H H I H U O N H M U O Q A O B
T R R D E N I G N E E R I F H
S M B T R I V Z H X Q Y W W G
```

PEPPER

PLUMS

RAG

ROSE

RUBY

RUST

SUNSET

TOMATO

WINE

ALL POINTS

CHANGE

CRITICAL

CURIE

DEAD

DEW

DIAMOND

EQUINOCTIAL

FESSE

FIXED

FLASH

FOCAL

GAME

GOLD

HIGH

NEEDLE

STAND

TRIG

TRIPLE

TURNING

VANISHING

VIEW

WEAK

WEST

YIELD

```
L F E W U W G K Z E O F S V E
A L E L E I G N A U I Z Z G D
I S E I D A U N I E Y R H V D
T Y V E F E S S E H W I U J C
C U W J X F E F B J S W E C I
O G R P I L D N P T R I P L E
N F R N O Y A I K F P N N D D
I L E D I Z E C A C L M W A C
U A Z V Q N D O I M H I G H V
Q S N U B P G Y R T O F A G N
E H X A X K H O K W I N M G K
M T T G H I I D J F G R D W A
A N R F O C A L Q E J O C J X
G N I Q Q L F D N A T S Q P B
Q L G U H J D E X I F C F V W
```

FUNGI

BROWN CAP

BUTTON

CEP

CHANTERELLE

CRESTED

CUP FUNGI

ENOKI

GILLS

INK CAP

JELLY

LION'S MANE

MORILLE

OVOLO

OYSTER

RUSTS

SAPROPHYTE

SHELF

SMUTS

ST GEORGE'S

STINKHORN

STIPE

STRAW MUSHROOM

TRUMPET

VOLVA

```
O S E L L I R O M X E M J A M
S T S U R J M E Q L S M D G O
C N O Y S T E R L K T Z F Z O
U S L L I G T E P M U R T H R
P A C N W O R B I N M A S A H
F P A T J E X C R E S T E D S
U R R Y T X C C O D I M S S U
N O O N T H R K N A V E B M
G P A V H Y G E K B F G I V W
I H I C O I L H N B R N S O A
C Y I U P L O L U O K E T L R
V T K X S R O T E C K W I V T
H E C T N Q T G A J Y I P A S
Y E F R G O T P C C S H E L F
P M U D N S L I O N S M A N E
```

CAKE BAKING

BEATING

BUTTER

COOLING RACK

CREAM

DECORATE

EGGS

FILLING

FLOUR

FRUIT

GRATER

```
G T N I T F A O L S G B E R J
E N I Y I S P O O N Q U A I Y
G B I U C O O L I N G R A C K
N M J T R G E T A R O C E D Q
O O E H S F A E S G R A T E R
P K I D G E R R E U V E I A T
S D D G B E T U L N I S X N N
C O A R C R I T K E I T B I E
R R E I W N M A N F G E N G M
E D P Y A O I R I L C I G N H
A E R Y T V N E R O R S U I C
M R I M E E G P P U I E R L R
S U G A R N W M S R B Q Y L A
E S T N E I D E R G N I M I P
T R E T B R E T T U B G F F T
```

INGREDIENTS   RECIPE   TEMPERATURE

LOAF TIN   SPONGE   TESTING

MIXER   SPOON   TIMING

OVEN   SPRINKLES   WATER

PARCHMENT   SUGAR

COINS

ANGEL

BEZANT

COPPER

CROWN

DENARIUS

DIME

DOLLAR

DUCAT

FARTHING

FLORIN

```
R K L H G X U A E W O B K J T
X F M S H I E K R P R D N D H
H D A S U N O E L O P A N P T
S U V R I I T Q L U O J D A M
A G I U T O R V J N Q O O O T
A G G P A H K A I D L R I A T
N O B L E E I T N L G D C K A
G C Q X Y A Y N A E O U J I I
E N C O P P E R G R D E R I M
L K I Z C N E F E E R E B J P
E R N C I M Y M X T L E Q Q N
M I A R K N B E Z A N T A W S
I Q O O N E K W H T O B O L O
D L N E H W L T W S J R D N U
F K P G U I L D E R C M D P Z
```

GROAT

GUILDER

GUINEA

MOIDORE

NAPOLEON

NICKEL

NOBLE

OBOL

PENNY

POUND

REAL

SOU

STATER

THALER

SAUCES

AIOLI

APPLE

AU GRATIN

BLANQUETTE

BOLOGNESE

BROWN

CAPER

CARBONARA

CHEESE

CURRY

GARLIC

GRAVY

MORNAY

PARSLEY

PEPPER

PESTO

PLUM

SOUBISE

SWEET AND SOUR

TERIYAKI

TOMATO

VELOUTE

WHITE

WORCESTER

```
F  T  L  A  F  B  N  W  O  R  B  A  P  T  L
S  P  H  V  A  L  J  G  R  C  P  O  A  P  K
A  Q  U  I  O  A  D  Z  S  Y  G  T  R  A  R
G  U  O  S  A  N  G  R  A  V  Y  S  S  V  U
I  L  G  N  O  Q  E  L  P  P  A  E  L  L  O
I  N  B  R  C  U  R  R  Y  E  Y  P  E  V  S
S  G  O  P  A  E  B  D  E  X  P  H  Y  Y  D
N  U  L  T  W  T  A  I  C  P  U  P  A  K  N
S  U  O  E  Y  T  I  I  S  G  A  N  E  C  A
M  C  G  R  T  E  M  N  D  E  R  C  H  R  T
H  I  N  I  G  I  E  T  U  O  L  E  V  O  E
U  L  E  Y  A  Q  H  X  M  A  E  M  M  D  E
P  R  S  A  J  P  D  W  Q  S  X  A  Y  Q  W
C  A  E  K  W  O  R  C  E  S  T  E  R  Y  S
D  G  B  I  N  A  R  A  N  O  B  R  A  C  E
```

MACHINES

ADDING

ANSWERING

BREATHING

DRILLING

DUPLICATOR

ELECTROSTATIC

ENIGMA

FLYING

FRANKING

FRUIT

GAMING

KARAOKE

KEYPUNCH

LITHOGRAPH

MILITARY

```
R G H L G W G T I U R F S G P
T N F R A N K I N G T T P N R
X I H V E R I F S L O T T I O
B N E P L G R D V S N P E T T
R A G J A B A E D U A P K O A
E L E C T R O S T A T I C V C
A P C I A M G R U D S N I H I
T G M D V N I O S A G B T C L
H E N R O V S L H N S A O N P
I E N I G M A W I T X L Z U U
N F P L Y T F M E T I L S P D
G C B L K L A K N R A L U Y X
S E W I N G F R U X I R W E X
D P A N J E N D A S K N Y K G
K G U G Z E K O A R A K G K G
```

PINBALL

PLANING

SAUSAGE

SEWING

SLOT

TICKET

TIME

VOTING

WAVE

CAMPING

AWNING

BEACH

FIELD

FIRE

FLASK

GRILL

INSECTS

KETTLE

MALLET

MAPS

MESS KIT

MUGS

PEGS

POLES

POTS

O	I	I	T	N	I	Y	S	G	N	I	N	W	A	G
F	S	M	Q	R	K	E	R	S	P	O	L	E	S	K
P	D	A	I	C	V	A	H	S	T	C	I	J	G	E
Y	S	P	A	O	I	E	H	O	B	C	P	F	A	T
W	E	S	T	N	C	Q	R	S	X	B	E	E	B	T
M	F	S	I	T	E	E	A	I	C	R	G	S	G	L
K	L	T	R	K	T	T	E	Q	F	V	S	U	N	E
W	A	T	E	R	C	A	R	R	I	E	R	H	I	I
V	S	E	E	N	V	G	S	W	P	O	T	S	P	T
G	K	A	H	A	T	D	R	C	S	Q	F	Y	E	E
R	T	Q	C	K	X	O	L	O	W	R	P	X	E	L
I	C	V	A	B	W	O	L	Y	P	J	G	M	L	L
L	F	I	E	L	D	W	E	I	I	E	U	Q	S	A
L	G	Y	B	O	O	J	M	O	Q	G	S	H	P	M
W	V	T	J	X	M	Z	M	E	S	S	K	I	T	D

RAIN

RETREAT

ROPES

SITE

SLEEPING BAG

STOVE

TENT

WATER CARRIER

WOOD

FACE

BEARD

BLUSH

CHEEKBONE

CHIN

COMPLEXION

DIMPLES

EARS

EYEBROWS

EYELASHES

EYES

```
N C S C O W L E X X P J Z E I
F C E A O E G A S I V S E Y E
N C S L I M H P G X L D J E M
W H W O I S P B E A R D D S L X
O E O D U M E L C S U M Q A T
R E R L E P S W E W Y R U S P
F K B J M R X L O X M N I H C
W B E W Q D K H D A I M N E N
P O Y L K C I P A X F O T S O
D N E N E M S M L I P S N K S
R E Q R O G E V P M R E F Y T
Q K F L X S F M Y L O L Q N R
W R I N K L E S P Q E U I G I
V E Z I E V E R L N Y S T N L
Q W N B G Z G W H E A R S H E
```

FRECKLE

FROWN

HAIR LINE

LIPS

MOUTH

MUSCLE

NOSE

NOSTRIL

SCOWL

SKIN

SMILE

SQUINT

VISAGE

WRINKLES

TWICE THE FUN

CLONE

CLONE

COUPLE

COUPLE

DOUBLE

DOUBLE

DUPLEX

DUPLEX

MIRRORED

MIRRORED

PAIRED

PAIRED

REFLECTION

REFLECTION

REPEAT

```
T H X T Z S I Z D E R I A P U
A K W F W T W O F O L D O R N
E R E P L I C A T E A P D Q O
P A P W T D C Y X W K M U T I
E T A C I L P E R E I X P O T
R R I N C C E W F R T C L L C
P S R S R L T D R P D T E R E
C P E U P H N O G U E N X E L
E L D U X A R C R D R Y S P F
O I O I L E T W O F O L D E E
I C M N D Y L U T R R C E A R
M Z R T E L B P R W R L C T S
R C W F M L T N U S I O U I L
W I W I E L B U O D M N W J I
N O I T C E L F E R K E T E Q
```

REPEAT

REPLICATE

REPLICATE

TWICE

TWICE

TWIN

TWIN

TWOFOLD

TWOFOLD

COMPUTING

CODE

CRASH

DESIGN

ICON

IDEAS

INNOVATION

JAVA

LINKS

LINUX

MENU

NODE

OBJECT

PANEL

PARALLEL

POP-UP

PORT

POWERPOINT

PROGRAM

PROPERTIES

RELOAD

SHELL

TWIP

WORD

WORLD WIDE WEB

```
R K R I T V D I E Z K R W D E
X E I P V R Q W P D S L B E N
U P L Q J V O I M B O I E S T
N U C O D E W P Q B U N B I W
I P Z T A T C E J B O K W G O
L O R D G D G K B I H S W N R
M P F O A K S G T W X H T H L
L E N A P E L A A O M S P T D
M L N F C E V E E R M A G Q W
U W E U R O R G L D R R L J I
V Q U H N X O T A L I C O N D
L J W N S P K V I V A N T O E
Z S I N U Z B Q Y E A R I M W
M A R G O R P E M D S J A W E
K S O R T N I O P R E W O P B
```

THINGS WITH STRINGS

APRON

BALLOON

BANJO

BEAN SUPPORT

CELLO

DOUBLE BASS

FIDDLE

FISHING ROD

GIFT TAG

GUITAR

HARP

KITE

LABEL

MARIONETTE

PARCEL

```
V E T T E N O I R A M Y I T K
P U P P E T G U I T A R O M Q
L P I C T U R E F R A M E Y N
Y G H C A E B V T A L C P K O
Z P T E Q A N T D E A L U F R
T W Y L L I G G C L U L I Q P
E B P L L I Q R K M A S S P A
M T O O F Z A C B Z H B U C I
L O I T Y P E B A I L R E P K
N V T K L N O V N F S Y U L C
P A P I L B M G J E C N P H F
G R I R X A R W O E L D D I F
Y Q A Q D O U B L E B A S S W
V E N H D W I N D C H I M E S
P P O D T R O P P U S N A E B
```

PEARL NECKLACE   PURSE

PIANO   VIOLIN

PICTURE FRAME   WIND CHIMES

PLUMB BOB   YO-YO

PUPPET

245   JEWELS AND TRINKETS

ANKLET

BANGLE

BEADS

BRACELET

BROOCH

CAMEO

CHAIN

CHARM

CHOKER

CLASP

CLIP

COLLAR

CROWN

CUFFLINKS

DIADEM

```
O M R A H C E K Q A R A I T P
B Y K W U O R V N H S R E T I
M J M T S L N U N I A H C S L
G H H P N L H J A U L R G U C
N E C K L A C E P B O F T N S
I I T I C R D E L W E O N B W
R X A E J A A N S R A D U B
Y E W W F R M D E Q B H D R C
T A N K L E T E U P R I O S L
I R Z S A K L E O H A O F T A
N D Y F C O Q D B D C X E Q S
R R Q M D H G O E H E L V S S
E O U T E C W M F G L A A I D
T P E L G N A B A Z E F Y S E
E C U F F L I N K S T E F P P
```

EARDROP   SUNBURST

ETERNITY RING   TIARA

NECKLACE   TORQUE

PEARLS   WATCH

PENDANT

ROCKS AND MINERALS

AGATE

ARKOSE

BASALT

CALAMINE

CHALK

CHERT

EMERY

EPIDOTE

FLINT

GALENA

GANISTER

GRAVEL

IRONSTONE

JACINTH

JET

MARL

OLIVINE

ONYX

RUTILE

SPAR

TUFF

VESUVIANITE

WURTZITE

ZINC

```
F M W M Q Y P E T I Z T R U W
F Y J S R P F L I N T N D P B
U E P E G U E H X E M V K P A
T A M Y P A U M H A H L U F S
R E K E T I N A I V U S E V A
O D G M T M D I R U T I L E L
C L O E N A H O S K S C P N T
A Y I F B M G T T T O V T O G
L L E V A R G A N E E S R T K
A Y I R I X I T J I E R E S X
M W L W Y N X K W G C S H N D
I T W N A N E L A G N A C O J
N C O Q T Y V A Z S I U J R A
E B H O D S M H W C Z K P I J
H F W Q A V T C U Y X A C J N
```

F1 GRAND PRIX WINNERS

ALESI

ALONSO

ARNOUX

BRAMBILLA

BROOKS

BRYAN

CLARK

FANGIO

HANKS

HILL

HUNT

ICKX

IRVINE

LAUDA

MASSA

MOSS

MUSSO

PACE

PANIS

SENNA

TAMBAY

TRINTIGNANT

VILLENEUVE

WATSON

```
P B B H N L C T L J O T N U H
I R H Y L U Y P R I M A S S A
C A M I T N A N G I T N I R T
J M H R A E E N X H I V S V A
P B T G A M A A T D O I A E M
G I S P R F Q Y X M N L L U B
W L K Z N N G R I A U L O U A
Z L N P O K A B P W V E N I Y
S A A A U P N B C C S N S R F
K C H C X D J W F V V E O V O
O X A E X F K R A L C U N I I
O V M Q D K W F D T E V S N O
R X O D G F C N U C S E W E A
B V S E V Z Q I A O L O Z G G
M U S S O O Q Q L A H C N C O
```

PLAIN AND SIMPLE

ACCESSIBLE

APPARENT

BASIC

BLUNT

CANDID

CLEAR

DIRECT

DOWNRIGHT

EVIDENT

FRANK

HONEST

LUCID

MANIFEST

MODEST

MUTED

OVERT

PATENT

PLAIN

SIMPLE

SINCERE

STARK

TRUTHFUL

UNDECORATED

UNLOVELY

```
K Y L E V O L N U E T X G T T
R V T N N R P U O D A R N Z U
A U N F A I M Q F Z I E E J H
T G U E T D A S V H T D K V S
S S L L D E I L I A T E N J O
F C B H I T E C P M L U A A C
X M Z M R A A Y U B P X R Q C
S I N C E R E P I L B L F T K
R M C L C O N S P O R A E T H
Y X U G T C S U Z A G R S O T
M A N I F E S T L P R E N I O
U N C P C D K E V I D E N T C
T Q A C C N R Z E O S E N K C
E R A Y H U P C M T U I U T F
D T H G I R N W O D I P X H V
```

ITALY

ARNO

ELBA

FLORENCE

GENOA

LA SPEZIA

LAZIO

LOMBARDY

MARCHE

MILAN

NAPLES

PADUA

PARMA

PIAVE

PIEDMONT

RAVENNA

RIMINI

ROME

TIBER

TRENTO

TRIESTE

TURIN

UMBRIA

VENICE

VESUVIUS

```
A D F Y E O T N E R T U Q V A
N M I L A N D V M D M V G E I
N T T N O F T D R B E N Y S Z
E Q R D P R M A R C H E L U E
V D F I P Z E I I M G A S V P
A G A E E I A N I C Z C E I S
R V L T N S E C C I T D L U A
E B L F I V T D O E N P P S L
A S O T V B Q E M A M R A P N
R N M A O N E G E O U U N X I
I C B U Z M R R M X N D D N R
M T A V U M A N O F I T A V U
I A R W C D R S R Z Q D K P T
N Y D K V G N N H R W D C E Z
I K Y R M C O E N C S T A G R
```

250

STAR TREK ORIGINAL

ANDROID

ARCHON

BONES

DECIUS

FEDERATION

FINAL FRONTIER

IMPULSE

KOLOTH

KORAX

MISSION

MR CHEKOV

MR SULU

ORBIT

OUTPOST

PERGIUM

PHASER

SCOTTY

SPOCK

TELLUN

THARN

TRILLIUM

VOYAGES

VULCAN

YEOMAN

```
K S S Q L I O U T P O S T V O
N U O N O I T A R E D E F T K
R I B A Y E S L U P M I L R N
S C Q T H A R N S E N O B I P
S E C F J V R D R A W M X L Y
K D G F V R N U L L E T B L T
O A B A E L A F M I O R B I T
R R D S Y M R C H E K O V U O
A C A L A O P E R G I U M M C
X H D H N K V N O I S S I M S
P O B T D U O U C Z H P C R Z
Y N I A R G J L L U X O N S T
Q E Y E O M A N O C Z C P U T
R Z F D I B M W M T A K T L S
X N S W D A H G M L H N G U Y
```

CUSTOMER SERVICES

ADVISORS

AWARENESS

CARE

CLIENT

COMMITMENT

DELIVERY

EMPATHY

FOCUS

HELP

INQUIRY

LISTEN

MONITORING

PEOPLE

PHONE

QUESTION

RESPONSE

RIGHTS

SERVICE

SKILL

TACT

TEAM

TRUST

UNDERSTANDING

VALUES

```
F Y P H T I A G Z E N W H G E
S S E N E R A W A R D J N Q Y
H S M F K A X M T A C I U R E
F E P O I I B A A C D E I L N
T C A N N U R E O N S U P S T
D I T W E I I T A T Q O U S S
E V H X G T T T I N E C U E E
L R Y H X M S O I P O R U L S
I E T G W R N I R F T L X L N
V S D W E C C C L I A V L G O
E Z L D P L E H H V N I A C P
R X N B I P H O N E K G B T S
Y U C E H B S R O S I V D A E
B P N C O M M I T M E N T C R
D T P T R J F B Q V U P I T S
```

LADDERS

```
Y A W G N A G E X V E Q T A Y
K N N J T B R L N O M F O R C
W L E O V E J I S S O F T T S
E C F H I D S T O L N V Y I F
A I O R C S W S P K K K D C A
Z Y T M U T N T E D E E R U P
E E F W P I I E R I Y S O L I
Q P F X J A T K T E W S L A L
L C O G D A N P N X Y T L T O
B I N R N E C I I I E E I E T
S S B G S I L O O C T P N D S
E X L R C T D H B N K T G H T
W C Z J A C K L V S G I O P E
F O O R L R L C O T W O N C R
I P Y W E B Y E G F K Z L G N
```

ARTICULATED

COMPANION

ETRIER

EXTENSION

FOLDING

FRUIT-PICKING

GANGWAY

HOOK

JACK

JACOB'S

KITCHEN

LIBRARY

LOFT

MONKEY

PILOT

RATLINE

ROLLING

ROOF

ROPE

SCALE

SIDE

STEP

STERN

STILE

CLASSICAL MUSIC TITLES

AUTUMN

CARNIVAL

EMPEROR

EN SAGA

LA MER

MARS

MESSIAH

NEPTUNE

NIMROD

PARIS

PRAGUE

SAPPHO

SARKA

SATURN

SWAN LAKE

TABOR

TAMARA

TAPIOLA

TASSO

TITAN

TRAGIC

URANUS

VENUS

VLTAVA

```
V G A V W R S W A N L A K E F
T S Y K E O R M F S U N A R U
S A R K A P A K K A O U G I U
R U Z L H P M F R W A O A I O
A F N I H N I H J R I H S I E
L O E E M E U G A R P P N O M
O E S U V A Y M Z I G P E Z P
I N T S S M A R P Y S A E D E
P U P G A T Q Y F P F S O L R
A T A V A T L V N F A R E A O
T P R P T A B O R T M C I M R
I E J A Q T R D U I I Y I E L
T N O R G C A R N I V A L R Y
A G M I R I N V Y H G J B B V
N G G S E N C L X O V M H D G
```

SIGNIFICANT

CHIEF

CONSIDERABLE

EXPRESSIVE

GRAVE

GREAT

HEAVY

INFLUENTIAL

LARGE

LOFTY

MARKED

```
U G E F L A I T N E U L F N I
A N E V A S I N G E D T C O R
S O E B A R S U O N I M O R E
T R M T T R W A O B E U N E M
N T I D N A G T D M U E S S T
A S R O L U E Q O A T V A O N
V U P A Y W O R L D N I D U E
E S R E O L A M G P E S E N G
L G G R A B C L A C I S R D R
E O T T L D O E D R L E A I U
R H I E E F E R R N A R B N Y
Y V N K T C H I E F S P L G V
Y W R Y P I V O T A L X U G A
V A L U A B L E P O T E N T E
M E L B A R E D I S N O C E H
```

MEMORABLE   POTENT   STRONG

NOTEWORTHY   PRIME   URGENT

OMINOUS   RELEVANT   VALUABLE

PARAMOUNT   RESOUNDING   VITAL

PIVOTAL   SALIENT

WORKPLACES

BANK

BROKERAGE

BUREAU

CINEMA

COURTHOUSE

DAIRY

FACTORY

FORGE

FOUNDRY

GARAGE

HOTEL

LAUNDRY

MUSEUM

NURSING HOME

OFFICE

POLICE STATION

RANCH

REFINERY

SALON

SCHOOL

STUDIO

TANNERY

VINEYARD

WAREHOUSE

```
K H N O I T A T S E C I L O P
W C W Y D D R A Y E N I V U Y
E N Q E E E G A R E K O R B Z
T A X V X G M S E T F O R G E
O R E C V U A E R U B W P F M
C E E S E Y S R L B J C S H O
Y C C S U F R E A G D I T D H
R Y U Q U O T E H G F N U E G
E M R I D O H F N A N E D C N
N G H D H A H E C I S M I I I
N R U H N R I T R J F A O F S
A F J B O U O R R A J E L F R
T I A O Z R O P Y U W L R O U
O N H F Y O G F L O O H C S N
K L A U N D R Y N B I C O E U
```

BLACK AND WHITE

CHESSBOARD

COW

DICE

DOMINO

FILM

ICONS

LEMUR

MAGPIE

MOVIE

MUSIC NOTES

PANDA

PEARLS

PELICAN

PENGUIN

PICTURE

POLICE CAR

PRINT

RABBIT

SKUNK

SOCCER BALL

TELEVISION

UNIFORM

WHALE

ZEBRA

```
R U M E L F G E L A H W A F Y
A D X Z E I I T I B B A R H T
C R I R Q L N H Z M H C B E E
E X Y D O M I N O S O M E H L
C E R U T C I P E K T V Z S E
I H C K N I Y T R J V N I W V
L R N H C I O P A N D A M E I
O P W A E N F G J P E A R L S
P F R E C S N O C I G Y F W I
Q M X I C I S X R P T L O F O
K M S U N I L B I M U J Y E N
K U W E R T D E O R Y W B W M
M G N I U G N E P A C W O T F
S O C C E R B A L L R C K D X
K N U K S Q A Y P U A D H E A
```

BEND

ARCH

BIAS

BOW

BUCKLE

CONVOLUTE

CURL

CURVE

DEFORM

DEVIATE

DISTORT

DIVERGE

EXERT

FLEX

GIVE WAY

KNEEL

```
W Y S V W K F B H R T C M Q Z
A Z H X X T V G C V W T R B A
S P A R Y T S B R K I O O R X
F P P K K R D X A M S N F Y Z
W F E D G O X E B D T T E E L
J O T F F T C U V T D C D T F
X N B Y M S S R Z I F M U M P
T P T P D I E W V L A R M R S
Y P R M E D B E E D N T W X L
A A K N N L R X G R N A E L U
W C I A A G K E V K V I X S Y
E D E T E N T C V F Q E W V I
V M T R E X E W U R Z R S O U
I E G E S A I B B B U F Q J Q
G J L E T U L O V N O C E B G
```

LEAN

MEANDER

SHAPE

SUBMIT

SWERVE

TURN

TWIST

WARP

WIND

INDOOR GAMES

AIKIDO

ARM WRESTLING

BINGO

BRIDGE

CANASTA

CHARADES

CHECKERS

CHESS

DARTS

DICE

FIVES

I SPY

JACKS

MAH-JONGG

MARBLES

```
U S T S N E V E S S Z X N D N
S G K A T S A N A C S E V I F
S K V N E M S R E K C E H C S
I Y C Q I T A G G N O J H A M
N O U A X W H S A U Q S R C W
N S G I J E Y J T M A M N Y Z
E E H N G O O L V R W U C P P
T L G D I D D L D R A H C S I
E B I P Z B W I E D A D W I N
L R E O F Q N S K R I Q X H G
B A K O T E T C A I I T K F P
A M S L S L B D D I A M D L O
T O E C I D E Y E D C U N U N
Y L Z N X S Y B S C F D A Q G
G O G R O U L E T T E D F T Q
```

OLD MAID

PING-PONG

POOL

ROULETTE

SARDINES

SEVENS

SQUASH

TABLE TENNIS

TIDDLYWINKS

THINGS WITH BUTTONS

ACCORDION

ALARM CLOCK

BLOUSE

CAMERA

CARDIGAN

COMPUTER

CONTROL PAD

DISHWASHER

DOORBELL

DUNGAREES

DVD PLAYER

ELEVATOR

FIRE ALARM

FOOD MIXER

JACKET

```
V S K X O B E K U J B N M I Z
T R E Y A L P D V D H O C V K
N E V O E V A W O R C I M E C
R S E E R A G N U D T D T N O
R E N L R T H O P F A R A D L
F E H A L O R N E K W O O I C
O V T S G E T I P N P C C N M
O J E U A I B A H Z O C R G R
D O Y S P W D R V S T A E M A
M Y J O U M H R O E S A V A L
I S A X I O O S A O L R O C A
X T C J Q D L C I C D E I H E
E I K K A B A B U D T M N I R
R C E C O N T R O L P A D N I
T K T E L E P H O N E C V E F
```

JOYSTICK

JUKEBOX

MICROWAVE OVEN

OVERCOAT

RADIO

SHIRT

STOPWATCH

TELEPHONE

VENDING MACHINE

MADE OF GLASS

AQUARIUM

ASHTRAY

BEADS

BEAKER

BOTTLE

BOWL

EGG TIMER

FLASK

GOBLET

LAMP

LENSES

LIGHT BULB

MARBLE

MIRROR

MONOCLE

OVENWARE

PINCE-NEZ

PITCHER

TELESCOPE

TEST TUBE

THERMOMETER

TUMBLER

VASE

WINDOW PANE

```
E N A P W O D N I W R P M C A
S W A B Q Z E N E C N I P A N
B X S P I T C H E R V G B Q S
E O H Z N T Z K O U A Y O U D
G M T B R J S R T U S L W A A
G J R T M A R B L E E Q L R E
T C A X L I G H T B U L B I B
I U Y F M E V G E T E K V U C
M L M M O N O C L E E A I M E
E E E B U T T S E T Z L K P P
R N Y A L E G O S L X N B E H
D S L F V E G K C J L T G O R
D E A T H E R M O M E T E R G
I S M X G X Z M P N K G X H C
H V P E R A W N E V O O O K R
```

BALL GAMES

BAGATELLE

BANDY

BASEBALL

BIRIBOL

BOULES

BOWLS

FIVES

FOOTBALL

GOLF

HURLING

LACROSSE

PELOTA

PETANQUE

PITCH AND PUTT

POLO

POOL

RACQUETS

RINGO

RUGBY

SKITTLES

SOCCER

SQUASH

TENNIS

ULAMA

```
Z L A C R O S S E F S J A Q Y
B F N A K E H U R L I N G P Y
R D F P D R C P W O H P F S K
O G N I R O I C O G X M E Q E
W J C I V H Z L O L F M Y U U
S L W O B E F J O S O I A A Q
B O U L E S S K I T T L E S N
L P I T C H A N D P U T T H A
L L W F O O T B A L L E A B T
A G O C Y E F P S B U R M I E
B I S O N D E V L Q U M A R P
E E L N P L N V C G X O L I M
S V I J O F L A B K L J U B G
A S A T N U R Y B D I O Q O G
B B A G A T E L L E G X M L I
```

SHARP OBJECTS

ANTLER

ARROW

BARB

BLADE

BRAMBLE

CACTUS

FANGS

HATCHET

KNIFE

NAILS

NEEDLE

PITCHFORK

RAZOR

SCIMITAR

SCISSORS

SHEARS

SKEWER

SPEAR

SCIMITAR

SCISSORS

STAKE

TACK

THORN

TOOTHPICK

TUSK

```
F B T E C A M Z B C S B K Y C
E R S U E E S L U R T C G F U
R E H S S G E S T Q A B N C S
O L U S N K K F T T K M W O C
Z T I A Q E R Z I C E I B A B
A N F O W Q O I I N E E D L E
R A Z E E N F P M A K L A A E
A W R Z L P H L S I H D J K T
T H O R N T C U T L E S K S E
I E A R O P T J A S M P H D H
M N E O R C I X N Y B E B N C
I H T K A A P U G Y A A U J T
C T Q C I Y F B S R R R L T A
S U E O R P A I S M B C H O H
R U Y H W N S R O S S I C S F
```

ARTWORK

ARRANGEMENT

BATIK

CAMEO

CANVAS

CARTOON

COLLAGE

DIAGRAM

DRAWING

EASEL

ENAMEL

EXPRESSIONIST

FOREGROUND

GLAZE

LINES

MOSAIC

MURAL

ORIGAMI

PENCIL

PHOTOGRAPHY

RESIN

SCHOOL

SCULPTURE

SKETCH

WASH

```
O Q Y A U U V M S Z S E M L X
E R U T P L U C S E L X C G Z
A I N N A A H L N N E P A T Y
B C O R A O O I N F S R N N H
I S O E O X L C O R A E V E P
H L T L G A G R I E E S A M A
G C R A Q A E L N A K S S E R
N W A S H G L A Z E S I I G G
I J C O R O M L T V K O Q N O
W P T O E E U C O D I N M A T
A E U M L Y H R J C T I M R O
R N A V C O A M G R A S U R H
D C V O R I G A M I B T R A P
D I A G R A M J H O G J A E O
V L H A A U T U E K T R L N V
```

GAME OF THRONES

ANDAL

ARYA

BRAN

CERSEI

DORNE

ESSOS

FIELD OF FIRE

GREYJOY

IRON ISLANDS

JOFFREY

RAMSAY

RHAEGAL

ROOSE

SALTPANS

SAMWELL

SANDOR

SANSA

STANNIS

STARK

STORM'S END

TOMMEN

TYWIN

VARYS

YGRITTE

BEAR HUG

BULLISH

CASH COW

CAT AND MOUSE

CAT LICK

CATCALL

CATNAP

DOG DAYS

EARLY BIRD

FAT CAT

```
D S D A P E S U O M T Z C K P
R Y Q W H L L A C T A C A Q N
A A E U S O N J W G C Y T E P
E D A B I R R Z A A T D A C U
B G R E L R F S T C A T N A P
E O L A L X R L E G F F D R P
E D Y R U O I E P S I B M T Y
T A B H B C H G L S E S O A L
A E I U K R E M H A V N U R O
O T R G P L O Y R E W X S W V
G O D P O T T A I O N A E E E
W O C H S A C C D A W P Y U N
C G X D L F A M Q H Q N E J D
L O N E W O L F S E O E E C P
F R O G M A N Q Q P K G F Y K
```

FISHY TALE

FOXHOLE

FROGMAN

GOATEE BEARD

HENPECK

HORSE SENSE

LONE WOLF

MOUSE PAD

PUPPY LOVE

RAT RACE

ROAD HOG

SQUIRREL AWAY

TOP DOG

WORMHOLE

A WORDS

AARDVARK

ABBESS

ABOUT

ABRUPTLY

ACCIDENTAL

ACTRESSES

ADDED

ADVISE

AGENCY

AMBER

ANDROMEDA

ANNUL

AQUIFER

ARMY

ASHEN

ASIDE

ASSERT

ASSURED

ATTEST

AUGUST

AVENUE

AVOCET

AWRY

AZURE

```
A M T Y Y L A T N E D I C C A
I A Q U I F E R M E G A A G E
T E C O V A D E M O R D N A F
A B O U T V I C A M A U S A N
A D V I S E S B Y B O S Z E Q
R Y W E S N A A N N U L H A E
D Y R A H U H S R R W S Y V T
V O L W C E S R E D A Y H S S
A A G T A T C D J S S Q U S E
R K A F P K R T E A F G P I T
K O A B R U L E I D U X S R T
Y A X M U I R L S A D H O J A
A B B J B A B B E S S A V Y A
P L Y C N E G A A U E T E A P
I A A P L Q R T R E S S A G A
```

MAKE ME LAUGH

ABSURDITY

ANECDOTE

BANTER

CAPER

CLOWNING

DROLLERY

FARCE

GAGS

IRONY

JEST

JOKES

JOSH

LAMPOON

PARODY

PRANK

PUN

QUIP

REPARTEE

RIDDLE

RIPOSTE

SATIRE

SPOOF

WISECRACK

WITTICISM

```
P M S I C I T T I W A E K H A
E I L B A E C R A F P N C L T
N V U O G C V N F B A D A J S
O P R Q G A E O A Z R A R E H
O I H E A C G N Z O O I C Z E
P E M A D B T S L E D Z E C A
M K R O V E S L P D Y F S A T
A P T I R G E U L D S I I P S
L E A F T R N E R Y N E W E Y
E S I Y Y A R I N D F K K R F
J E S T H E S O N M I O F P K
A O B D E S R O E W J T I J N
S P O O F I O A R E O L Y O A
E T S O P I R J P A N L A M R
H E R I E E T R A P E R C A P
```

BRIGHT

BLAZING

CLEAR

FIERY

FLAMING

FLASHING

GARISH

GLITTERING

GLOWING

HARSH

ILLUMINATED

INCANDESCENT

INTENSE

LIGHT

LURID

LUSTROUS

```
H Y D R B A G N I L K R A P S
V E S S D K L U S T R O U S I
V D S P L I R A D I A N T E G
S F E N L W C A J P T L G I N
G U Y T E E Y U E S S I N N I
Y N N O A T N R L L F G I C R
W R I N O N N D E L C H W A E
O B R M Y F I I I V E T O N T
H T T E A B L M D D L P L D T
S C H E Q L H A U I O I G E I
L N S Y H A F N S L V U S S L
Y U I A S Z D I P H L I T C G
Z T R S U I T N E G I I V E M
M S A I T N J T R R C N S N L
H D G R D G S L S L Y S G T V
```

PELLUCID

RADIANT

SHOWY

SILVERY

SPARKLING

SPLENDID

STARK

SUNNY

VIVID

IF AND BUT

ADRIFT

BAILIFF

BEATIFY

BUTANE

BUTLER

BUTTER

BUTTON

CAULIFLOWER

CONTRIBUTE

DEBUTS

DRIFTER

HALIBUT

KNIFE

MAKESHIFT

QUIFF

```
H C Q E T U B I R T T A E R T
U S B U T A N E R H E K F Z C
S N M R I I C F R Y F R I X A
O F A G R F M I F F I E N Z U
Y T K T J E F B R I W T K S L
F R E B U T T A L X L R W A I
I I S X Q B D F S G H I A C F
T B H K R M P I W M B A K L
A U I J I D Y A K R H U J B O
E T F F T R D O R C D T A U W
B A T Q E E Q U B L Q I B T E
J R O T B L S B U T T O N G R
F Y T U E T U B I R T N O C C
O U T R U U N S W I F T L Y S
B S A T U B I L A H I B U T U
```

RAMBUTAN

REATTRIBUTE

REBUTTAL

RETRIBUTION

SACKBUT

SWIFTLY

THRIFT

TRIBUTARY

WIFE

T WORDS

TAILOR

TAMPER

TEARFUL

TEASING

TENDERNESS

TENUOUS

TEPID

THIRD

THIRSTY

THORNY

THYROID

TICKET

TIGRESS

TINCTURE

TITLED

TITRATION

TOPAZ

TOURNIQUET

TOYING

TRAFFIC

TRANCE

TRASHY

TRICKLED

TRYING

```
T E T C B T A D G R I S E R T
R E E C I U T A Z N R E T E D
A M N A S F E T G N I Y O T E
U K D U T I F O O I P Y U M L
M O E T O T E A R F U L R E K
E E R E D U R U R D F E N T C
R Y N G N I S A E T P O I A I
U H E T R Z O A T M N U Q T R
T P S Y L O T R A S H Y U I T
C Z S T N D L T Y U S T E G T
N O I T A R T I T H I K T R T
I Y T E R I O E A C T V A E O
T A X E N H E H K T A N P S P
T H I R S T Y E T T C I E S A
T E V D E L T I T E D A T D Z
```

LARGE

AMPLE

BROAD

BULKY

BUMPER

CAVERNOUS

COLOSSAL

COSMIC

ENORMOUS

EPIC

GARGANTUAN

GIANT

GREAT

HEAVY

HEFTY

HUGE

HULKING

IMMENSE

JUMBO

MAMMOTH

MASSIVE

MONSTROUS

OVERWHELMING

PRODIGIOUS

VAST

```
E L P M A E C W B W G H W C N
Y E G U H O Y K L U B D E I O
Q C T S S D M V B C M P S P V
M A M M O T H Q A L B P N E E
H D I W T O U V J E M O E P R
U C D F T S E A L B H A M R W
L O M A H R A U N E N I M I H
K L C J N E Z V V Q V S I J E
I O O O Q N F I A Q D E H K L
N S U M O N S T R O U S T L M
G S S U I S B D Y T N A I G I
Q A C H A E G R X O E J P K N
M L C M E N E N O R M O U S G
O B M U J G A R G A N T U A N
L O L S S U O I G I D O R P S
```

A, E, I, O AND U

AUTOFIRE

CREMATORIUM

DELUSIONAL

EQUATION

EULOGIA

EUNOIA

EUPHORIA

EXUDATION

FACETIOUS

GIGAJOULE

INOCULATE

JAILHOUSE

JALOUSIE

NEFARIOUS

NOUGATINE

NUMERATION

PNEUMONIA

QUATREFOIL

QUESTIONNAIRE

REPUTATION

SEQUOIA

TENACIOUS

UNAVOIDED

UNCOMPLICATED

```
A I N O M U E N P U V W A V X
F A C E T I O U S Q C U I U V
M U I R O T A M E R C N O N G
G E N I I E I E S N E C N O I
A R O A N N O R U O I O U I G
I I U N O A U A O I S M E T A
R F G N C C Q T H T U P S A J
O O A O U I E I L A O L U D O
H T T I L O S O I U L I O U U
P U I T A U F N A Q A C I X L
U A N S T S E I J E J A R E E
E M E E E L I O F E R T A U Q
D E L U S I O N A L R E F J F
E Z X Q C U N A V O I D E D G
N O I T A T U P E R P Q N B E
```

FUNDRAISING

ART SHOW

AUCTION

BAKE SALE

BAZAAR

BINGO

BOWLING NIGHT

CAR WASH

CHARITY

CONCERT

DANCING

```
W O H S T R A Y S Z A L B R T
G A S A U N O I T C U A I H G
N O H T A K L A W R Q W G X N
W B F A C E P A I N T I N G I
B S A G N I N N U R N R O G C
A C W C O X G Z K G D O D H N
K R E I A T B U N A D E I O A
E E D B M A R I G C R K S X D
S R S R Z M L E A N I A C Z T
A D O A A W I U C N I A O O S
L H A S O F S N G N R G G K I
E R Y B N E F U G W O N N F E
Y R E T T O L L A P I C N I C
S S V G E N P S E B A E S S S
S E W I N G H S Y T I R A H C
```

DISCO   LOTTERY   SINGING

FACE PAINTING   PICNIC   SPONSOR

GOOD CAUSE   RAFFLE   SWIMMING

HIKING   RUNNING   WALKATHON

KARAOKE   SILENCE

DOUBLE T

```
M N E T T I B T T W U A T T I
A S P T S E T T O H C T T E P
T T T U B L A T T I C E R N Y
T S T U T T G A R T N U O O T
R P R E T T I E S T M E U O T
E G I E A G I F F L D P L T R
S I C K T B H N T E Z I E T I
S G O A T T L E G T P G T A U
O A T W A M U T T O N L T T M
T W T I C V P G M T H O E I Y
T A A T H C F I F R O T E J V
O T D T E V E N D E T T A W L
M T T I R M T K O T A I U T L
A T T K T T P M T E Y S U A T
N T S A G I T T A R I U S T T
```

ATTACH

ATTEMPT

BITTEN

DITTY

EPIGLOTTIS

GHETTO

GIGAWATT

GUTTER

HOTTEST

KITTIWAKE

LATTICE

MATTRESS

MUTTON

OTTOMAN

PRETTIEST

PUTTING

RICOTTA

ROULETTE

SAGITTARIUS

STUTTGART

TATTOO

VENDETTA

WHITTLE

YTTRIUM

NUMBERS

EIGHTEEN

EIGHTY

ELEVEN

FIFTEEN

FIFTY-FIVE

FIFTY-NINE

FIFTY-SIX

FIFTY-TWO

FORTY

FOURTEEN

NINETEEN

NINETY

SEVENTEEN

SEVENTY

SIXTEEN

```
E N S I X T Y E I G H T C P N
N E E V I F Y T F I F J Y D E
I E A H S P T E L E V E N F E
N T C Y Y R R D I N I W B I T
Y R F T T P O A E G D X Z F N
T I O R X C F I H N F N X T E
F H U I I Q G T A Z I I Q E V
I T R H S H Y S K I F N S E E
F V T T T N U T T J T E E N S
T A E R O E W H Q Y T V T N
Y S E P H Y E E I C S E E G Y
T N N T E L X N T J I E N Y R
W V N G V U L T W X X N T W A
O E E E R H T Y T X I S Y T H
T E N M I L L I O N Q S P R H
```

SIXTY-EIGHT

SIXTY-SIX

SIXTY-THREE

TEN MILLION

TEN THOUSAND

THIRTEEN

THIRTY

TWELVE

TWENTY

END AT THE END

APPREHEND

ATTEND

BEFRIEND

CONTEND

DEPEND

DESCEND

DIVIDEND

EXTEND

FIEND

FORFEND

GODSEND

LEGEND

MISSPEND

OFFEND

PRETEND

RECOMMEND

SUPERINTEND

SUSPEND

TRANSCEND

TREND

UNBEND

UPEND

WEEKEND

WEND

```
D N E V D D N E M M O C E R S
N A T T E N D T E N D N E D E
E D K J V G W Y R A A N C N D
H W E E K E N D D E D S D E N
E I C E N D B U N N S N I E
R E N D F O R F E N D D E F T
P D S F N D N E C S E D S D N
P R N U Y M I S S P E N D N I
A U E E S C J E N D D E O E R
U C K T I P O N A N I N G F E
N N V Q E R E N R E D J E F P
K R B N F N F N T G O N R O U
E X T E N D D E D E E K E P S
D E P E N D V Y B L N N W P O
X D I V I D E N D E N D D I U
```

SPORTS AND GAMES

ARCHERY

BINGO

CARDS

CHESS

FISHING

GOLF

HAMMER

JAVELIN

LOTTO

LUDO

MOUNTAINEER-
  ING

NETBALL

POOL

QUIZZES

RELAY

```
N D C M E J S M O L A L S I X
G Q P U G N D P X E H F A O M
O R E U O Y R E H C R A Q R O
X T J V L Q A O V C E K G R U
N G T O F S C Y I Y F N K C N
G S N O W B O A R D I N G Y T
N H J I L S E Z Z I U Q S B A
I O A V H O Q W K P F K N I I
T O V S D S A S I A I Y E N N
A T E U S L I R H P O E T G E
K I L Q K E O F P L R M B O E
S N I I K W H I B E D T A M R
L G N O I Z N C L P O O L X I
T G G N V G Y A F L A H L F N
Y B G U R E Y H A M M E R T G
```

ROWING

RUGBY

SHOOTING

SKATING

SKIING

SKIPPING

SLALOM

SNOWBOARDING

WALKING

CALENDAR

APRIL

AUGUST

CHRISTMAS

DECEMBER

EASTER

FEBRUARY

FRIDAY

JANUARY

JULY

JUNE

U	E	N	U	J	T	J	U	L	B	Y	S	K	E	W
C	G	E	K	N	N	Y	H	R	N	R	H	P	M	E
Z	H	I	K	N	A	R	L	K	K	A	T	P	F	D
L	J	R	M	D	Y	B	G	F	Z	U	N	I	D	N
Y	Q	R	I	T	Y	R	W	G	E	R	O	R	N	E
A	H	R	E	S	B	A	A	S	S	B	M	E	E	S
D	F	B	J	B	T	Y	D	U	O	E	R	B	K	D
R	J	U	L	Y	M	M	A	S	N	F	H	M	E	A
U	O	T	Y	C	A	E	A	D	E	A	D	E	E	Y
T	K	C	S	A	M	D	T	S	S	U	J	V	W	A
A	N	Y	T	U	D	N	N	P	R	R	T	O	X	P
S	X	A	Q	O	G	N	Y	O	E	I	U	N	X	R
O	L	M	V	F	B	U	U	Q	M	S	L	H	L	I
H	C	R	A	M	U	E	A	S	T	E	R	O	T	L
N	E	W	Y	E	A	R	R	E	B	M	E	C	E	D

MARCH

MAY

MONDAY

MONTHS

NEW YEAR

NOVEMBER

OCTOBER

SATURDAY

SEPTEMBER

SUNDAY

THURSDAY

TUESDAY

WEDNESDAY

WEEKEND

Solutions

1

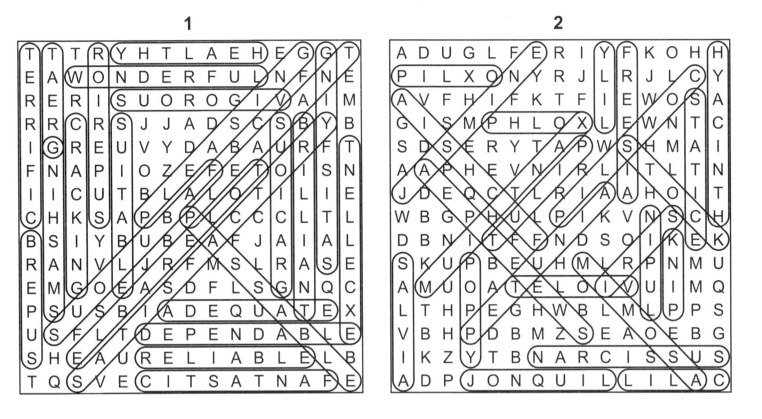

2

3

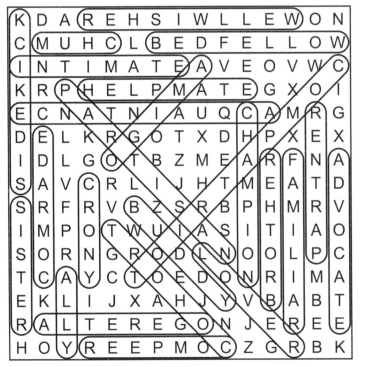

4

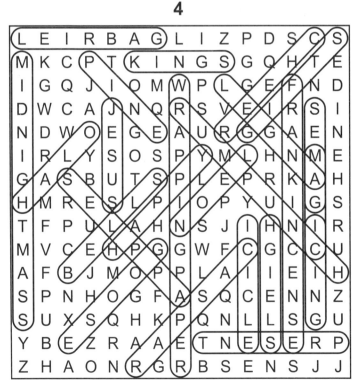

Solutions

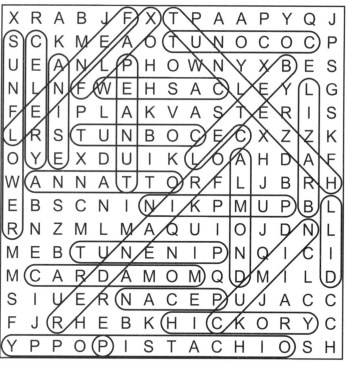

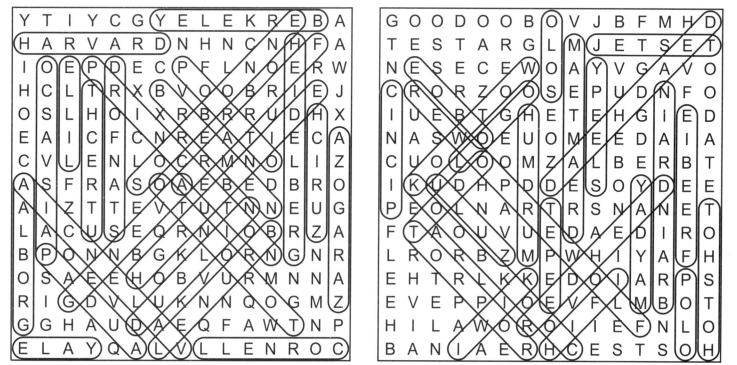

Solutions

9

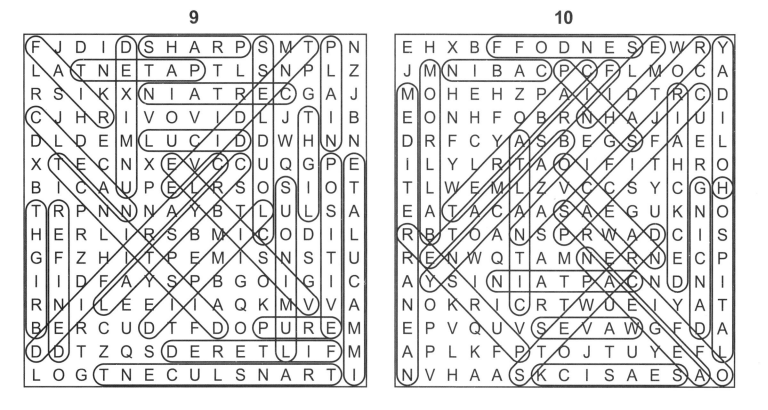

10

11

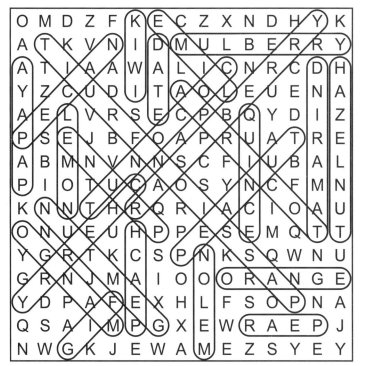

12

Solutions

13

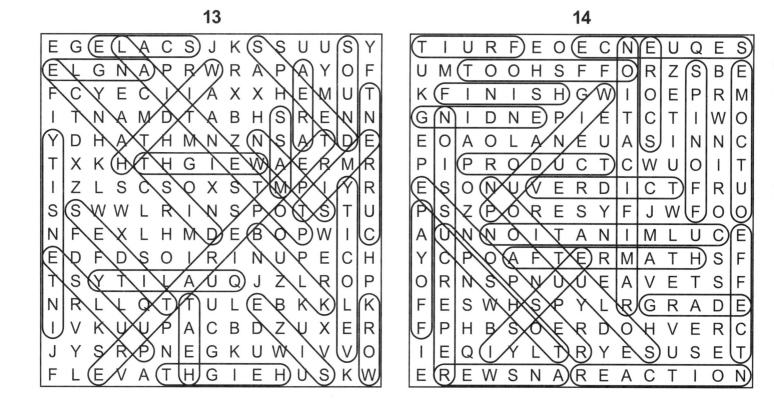

14

15

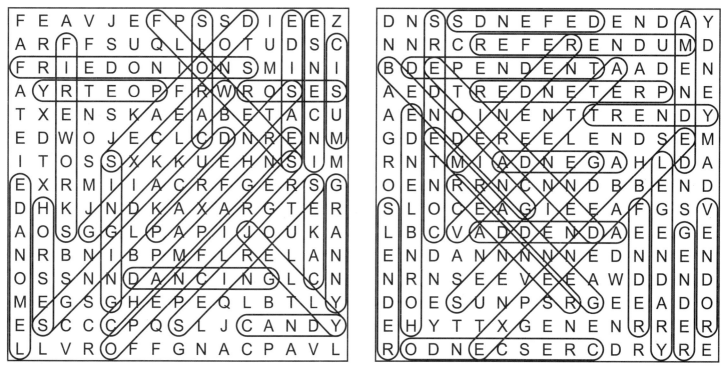

16

Solutions

17

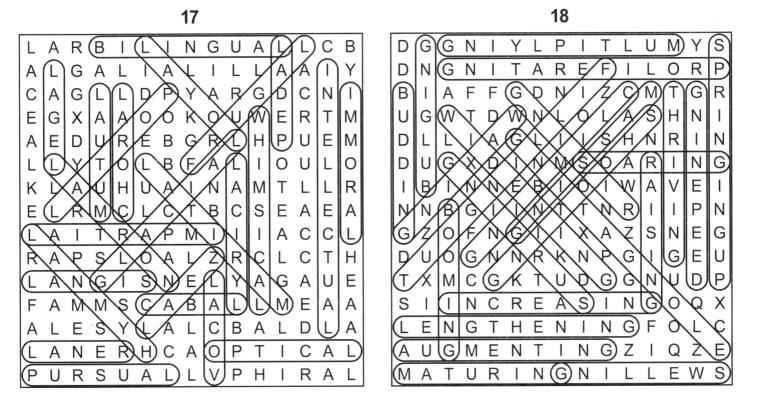

```
L A R B I L I N G U A L L C B
A L G A L I A L I L L A A I Y
C A G X A A O O K O U W E R T I
E G X A A O O K O U W E R T M
A E D U R E B G R L H P U E M M
L L Y T O L B F A L I O U L O
K L A U H U A I N A M T L L R A
E L R M C L C T B C S E A C L
L A I T R A P M I I A C C H
R A P S L O A L Z R C L C T E
L A N G I S N E L Y A G A U E
F A M M S C A B A L L M E A A
A L E S Y L A L C B A L D L A
L A N E R H C A O P T I C A L
P U R S U A L L V P H I R A L
```

18

```
D G G N I Y L P I T L U M Y S
D N G N I T A R E F I L O R P
B I A F F G D N I Z C M T G R
U G W T D W N L O L A S H N I
D L L I A G L I I S H N R I N
D U G X D I N M S O A R I N G
I B I N N E B I O I W A V E I
N N B G I I N N T T N R I P N
G Z O F N G I X A Z S N E G U
D U O G N N R K N P G I G E P
T X M C G K T U D G G N U D P
S I I N C R E A S I N G O Q X
L E N G T H E N I N G F O L C
A U G M E N T I N G Z I Q Z E
M A T U R I N G N I L L E W S
```

19

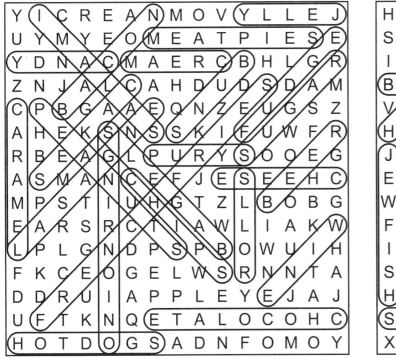

```
Y I C R E A N M O V Y L L E J
U Y M Y E O M E A T P I E S E
Y D N A C M A E R C B H L G R
Z N J A L C A H D U D S D A M
C P B G A A E Q N Z E U G S Z
A H E K S N S S K I F U W F R
R B E A G L P U R Y S O O E G
A S M A N C E F J E S E E H C
M P S T I U H G T Z L B O B G
E A R S R C T I A W L I A K W
L P L G N D P S P B O W U I H
F K C E O G E L W S R N N T A
D D R U I A P P L E Y E J A J
U F T K N Q E T A L O C O H C
H O T D O G S A D N F O M O Y
```

20

```
H F S L I O N F I S H W H H H
S X H U A H H S I F H E S S N
I K S F N O A R F I S H I I Q
B L I N D F I S H H I D F F S
V S F N J B I U W Z F O T A B T
H C G Z G C H S H W G A O B A
J W N A Q F U S H S O F B X N
E B U E R D I T I I C I F D
W E L D U F B S T F O S I O F
F Z O O Y T I X H L K H S S I
I C R A W F I S H E E N H H S
S G R U F F I S H S S F O F
H C J R H S I F D U M S I M
S W O R D F I S H H S I F S H
X F L A T F I S H H F I S H E H
```

Solutions

21

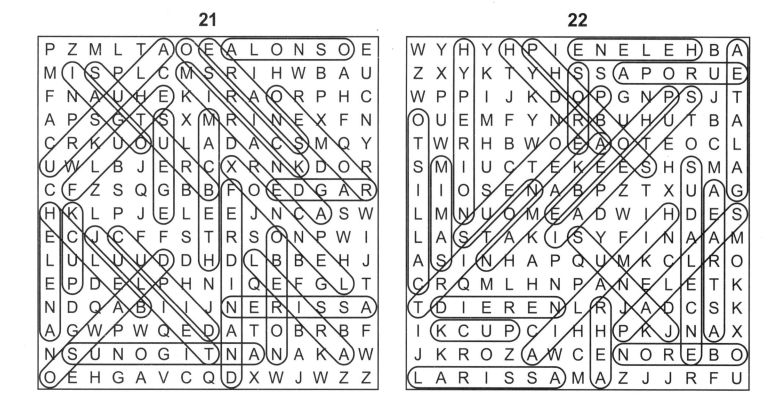

22

23

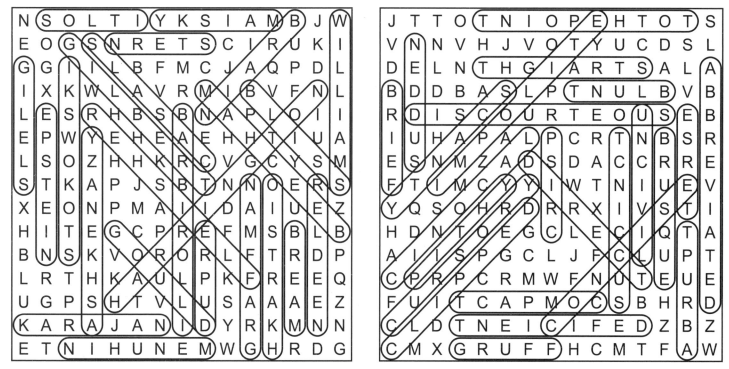

24

Solutions

25

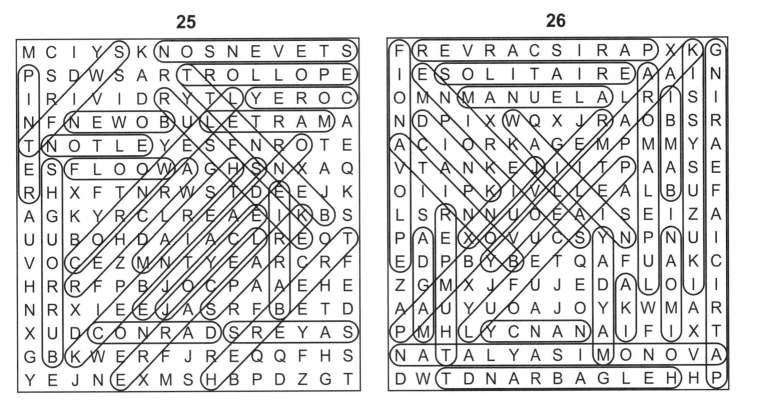

26

27

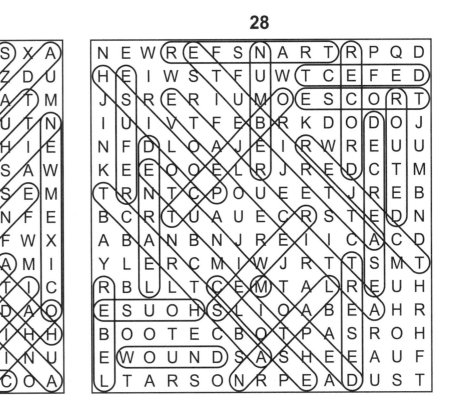

28

Solutions

29

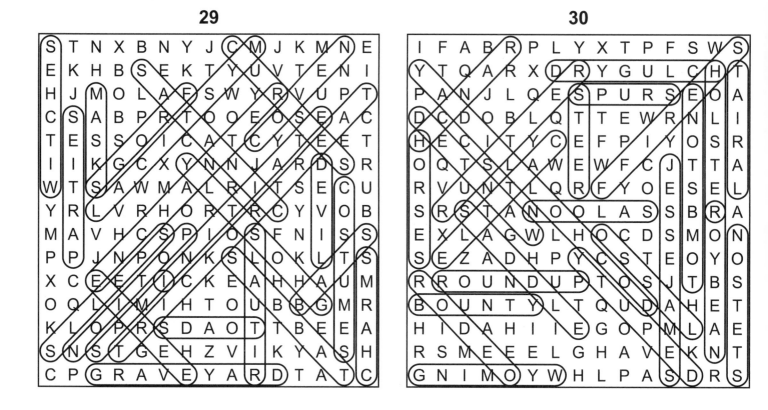

30

31

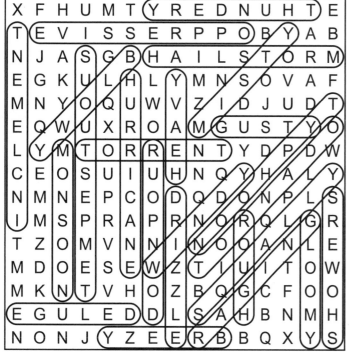

32

Solutions

33

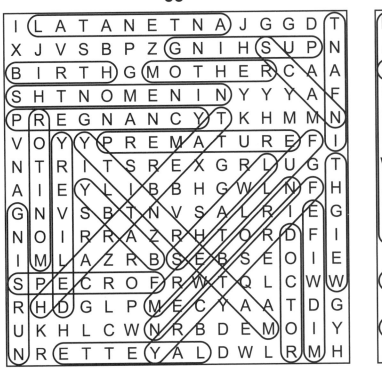

34

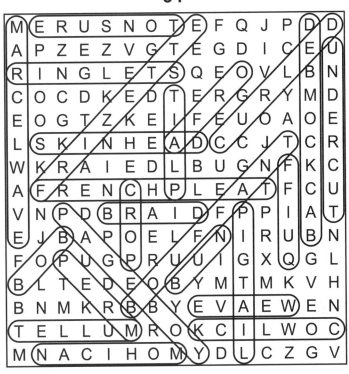

35

36

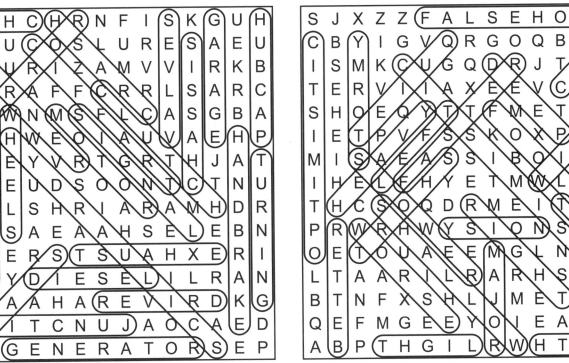

Solutions

37

38

39

40

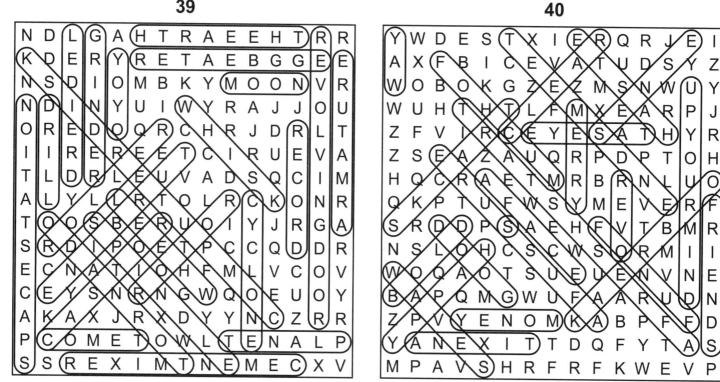

Solutions

41

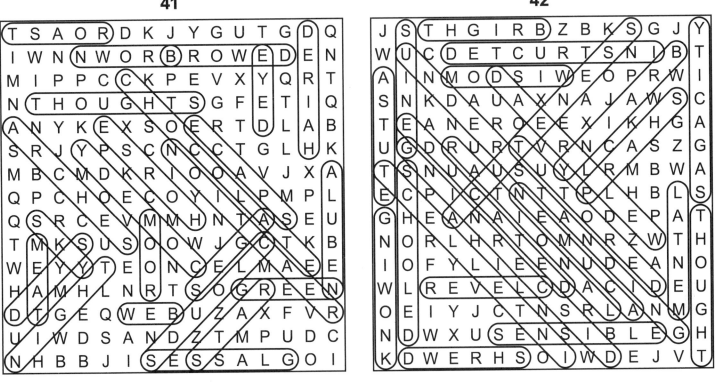

42

43

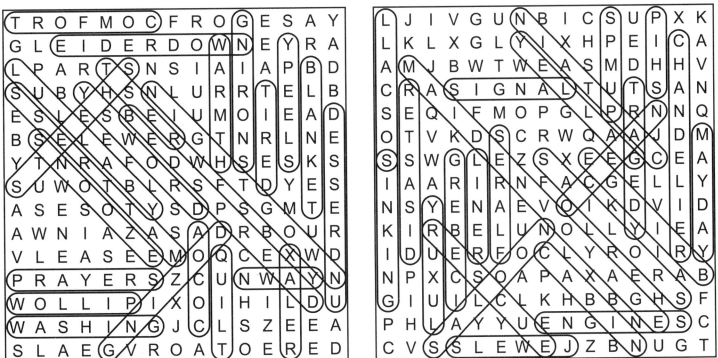

44

Solutions

45

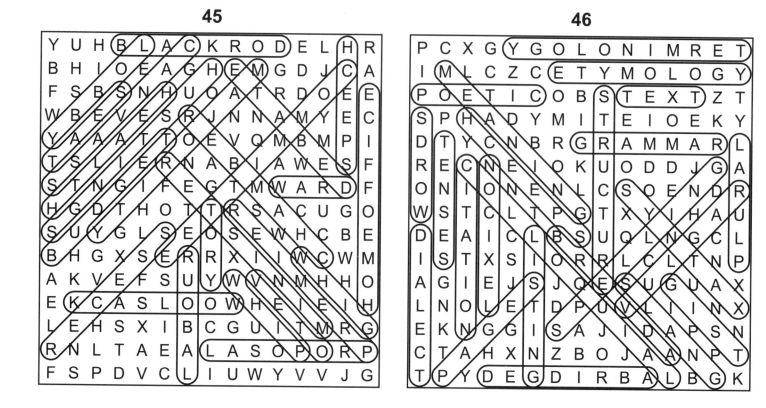

46

47

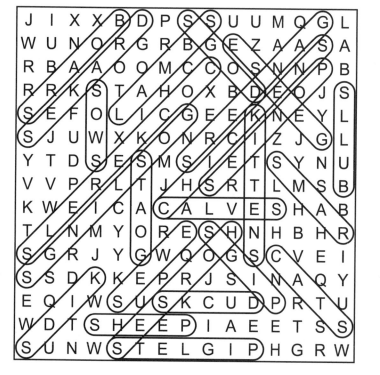

48

Solutions

49

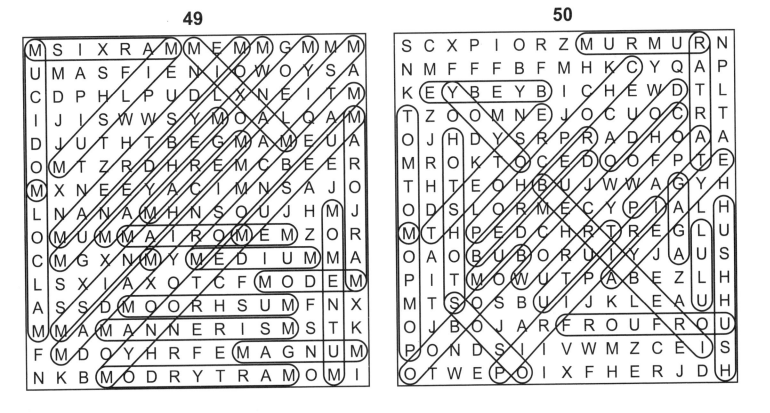

50

51

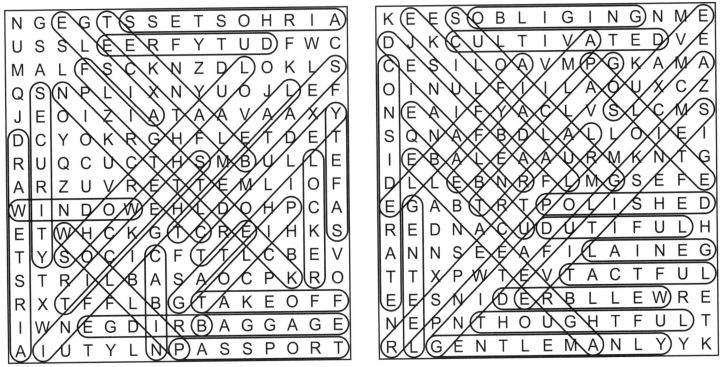

52

Solutions

53

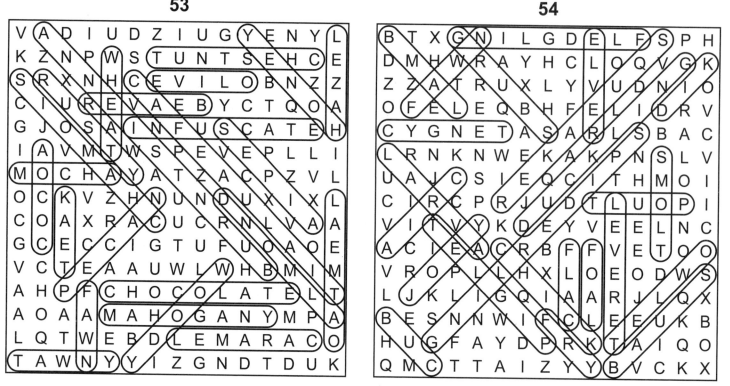

54

55

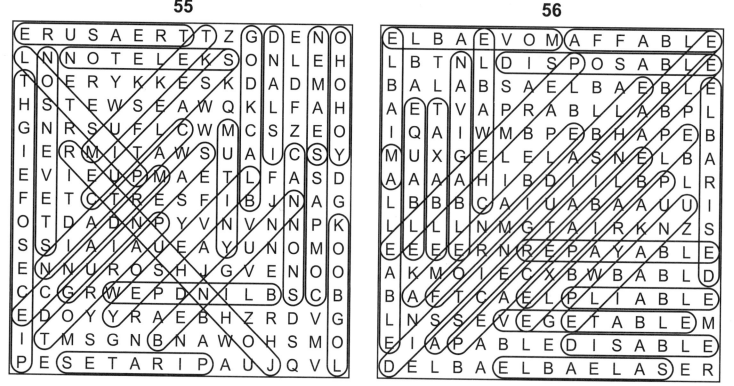

56

Solutions

57

58

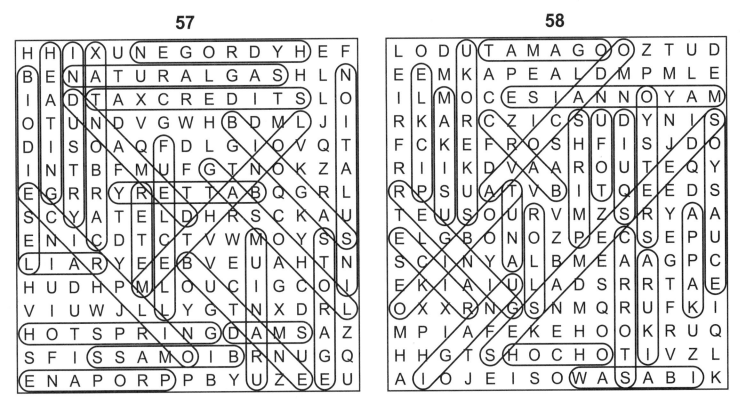

59

60

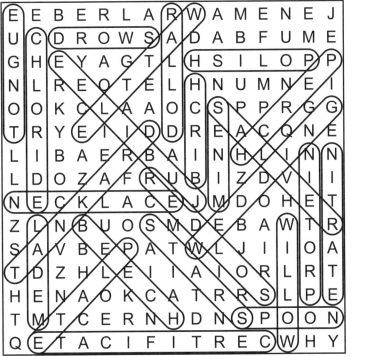

Solutions

61

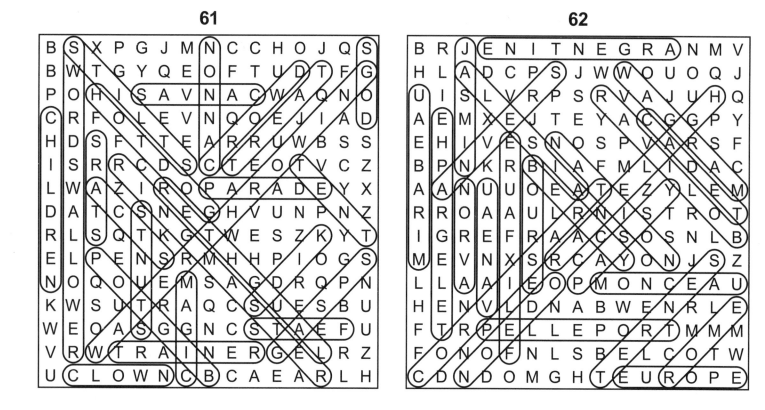

62

63

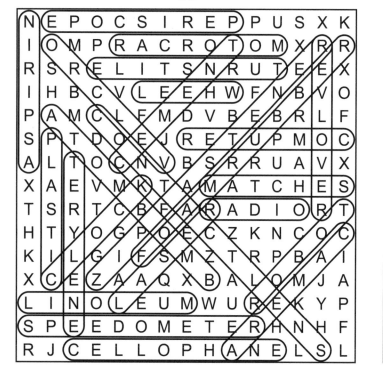

64

Solutions

65

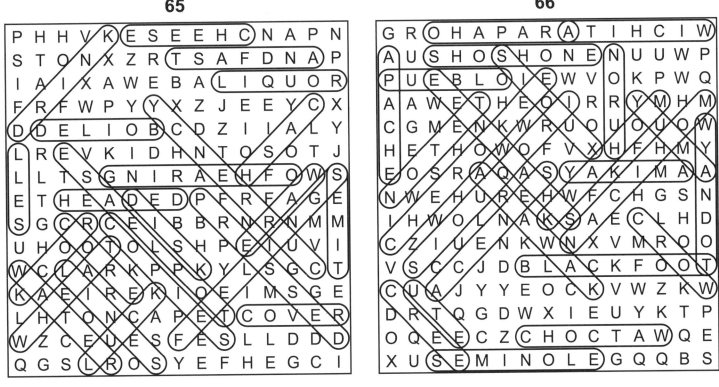

66

67

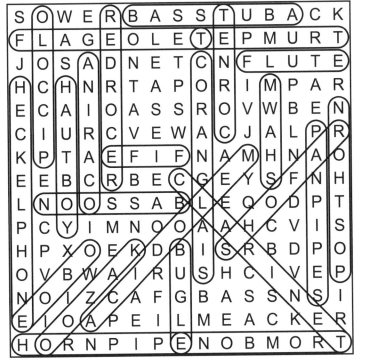

68

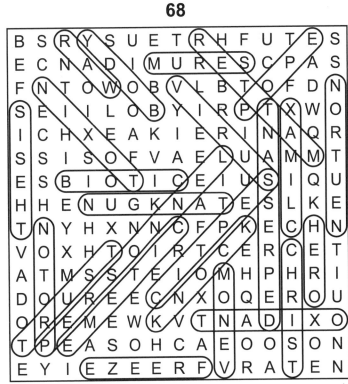

Solutions

69

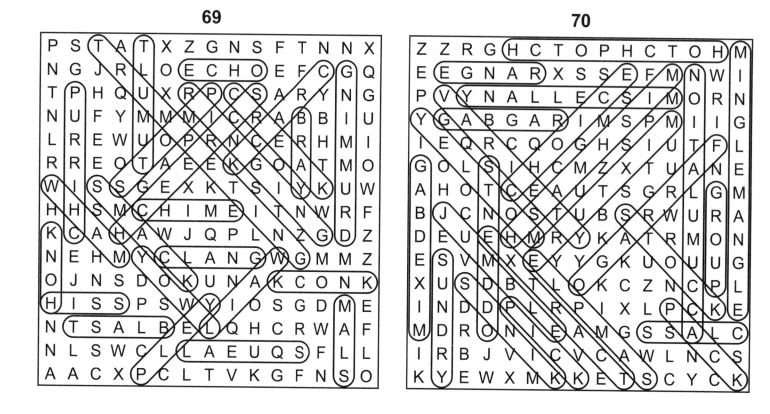

70

71

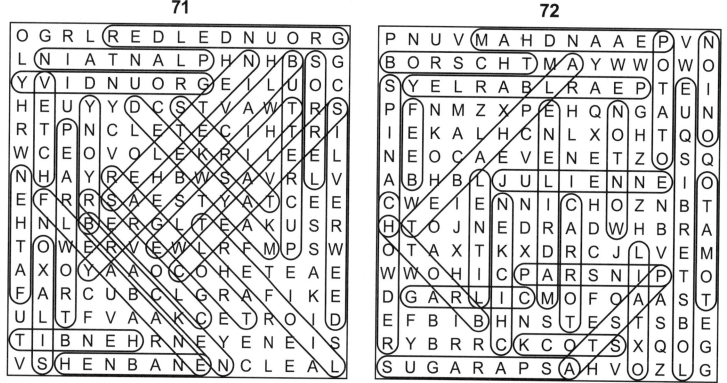

72

Solutions

73

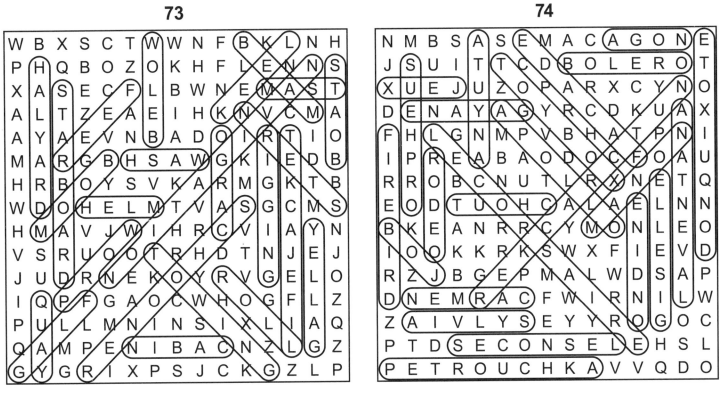

74

75

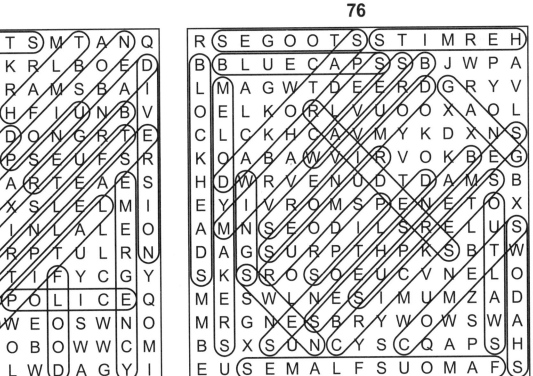

76

Solutions

77

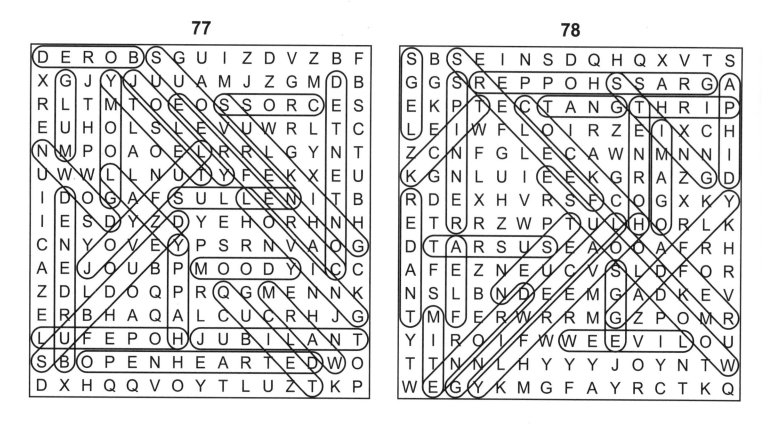

78

79

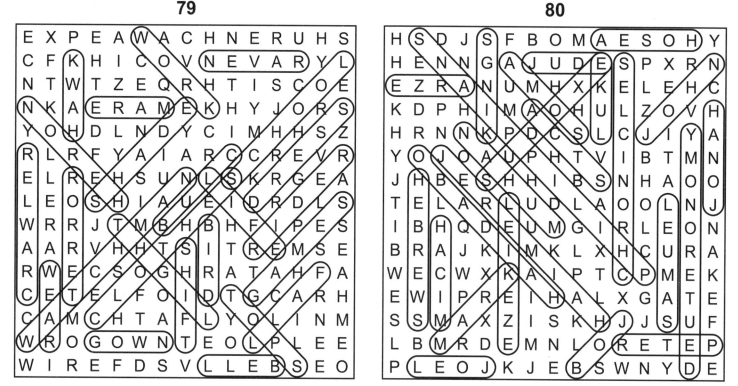

80

Solutions

81

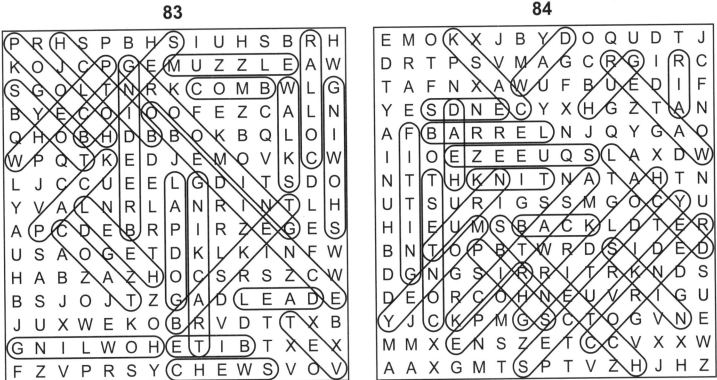

82

83

84

Solutions

85

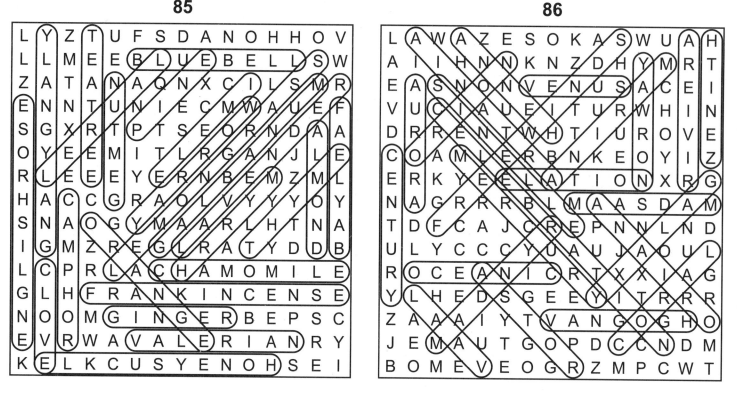

86

87

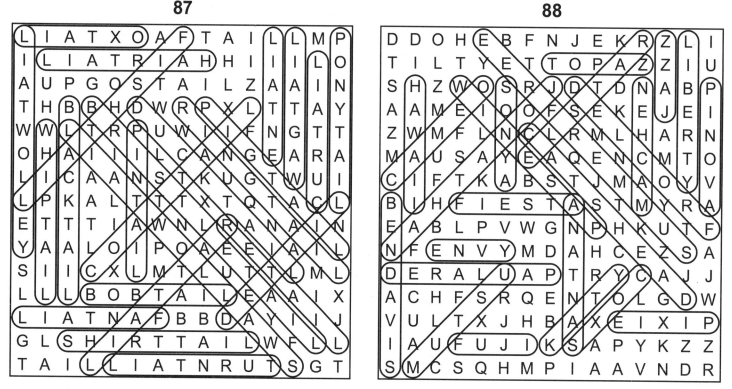

88

Solutions

89

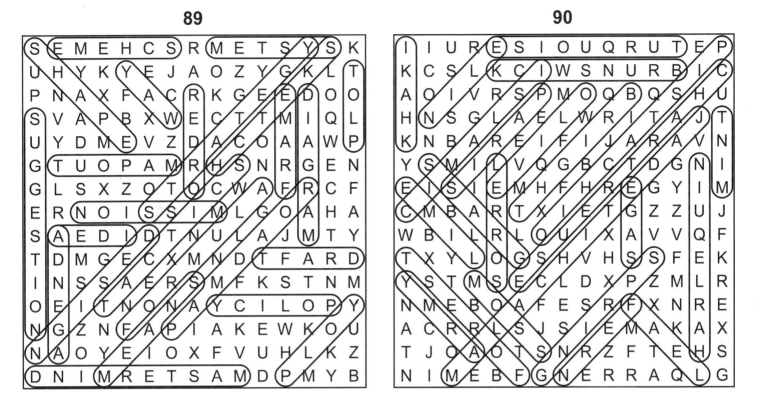

```
S E M E H C S R M E T S Y S K
U H Y K Y E J A O Z Y G K L T
P N A X F A C R K G E E D O O
S V A P B X W E C T T M I Q L
U Y D M E V Z D A C O A A W P
G T U O P A M R H S N R G E N
G L S X Z O T O C W A F R C F
E R N O I S S I M L G O A H A
S A E D I D T N U L A J M T Y
T D M G E C X M N D T F A R D
I N S S A E R S M F K S T N M
O E I T N O N A Y C I L O P Y
N G Z N F A P I A K E W K O U
N A O Y E I O X F V U H L K Z
D N I M R E T S A M D P M Y B
```

90

```
I I U R E S I O U Q R U T E P
K C S L K C I W S N U R B I C
A O I V R S P M O Q B Q S H U
H N S G L A E L W R I T A J T
K N B A R E I F I J A R A V N
Y S M I L V Q G B C T D G N I
E I S I E M H F H R E G Y I M
C M B A R T X I E T G Z Z U J
W B I L R L O U I X A V V Q F
T X Y L O G S H V H S S F E K
Y S T M S E C L D X P Z M L R
N M E B O A F E S R F X N R E
A C R R L S J S I E M A K A X
T J O A O T S N R Z F T E H S
N I M E B F G N E R R A Q L G
```

91

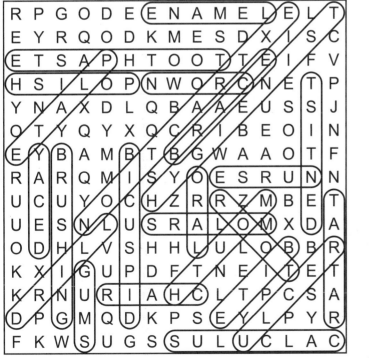

```
R P G O D E E N A M E L E L T
E Y R Q O D K M E S D X I S C
E T S A P H T O O T E I F V
H S I L O P N W O R C N E T P
Y N A X D L Q B A A E U S S J
O T Y Q Y X Q C R I B E O I N
E Y B A M B T B G W A A O T F
R A R Q M I S Y O E S R U N N
U C U Y O C H Z R R Z M B E T
U E S N L U S R A L O M X D A
O D H L V S H H L U L O B B R
K X I G U P D F T N E I T E T
K R N U R I A H C L T P C S A
D P G M Q D K P S E Y L P Y R
F K W S U G S S U L U C L A C
```

92

```
N R A E Y Y V A L E N T I N E
T F Q S F E N E D E G A G N E
I A I D O L T O N N S B I U Q
L N N R W O U I M U Y L R N K
V V F G O T K Z D R S T S P Q
M E P A E P H C F O A K I G V
U S T G T L J A U H R H Z A F
N E C O P U I V N P S H X E R
B O C K D R A D M D I C P E T
T S Q N E X O T N W S D V A E
G R O S A F S E I S Y O A R I
A Z T R V M I M U O L U M A I
E R E V E R O G N V N G O E S
S S I K F D A R L I N G U V E
L Y P A V R O C Q I E A R A D
```

Solutions

93

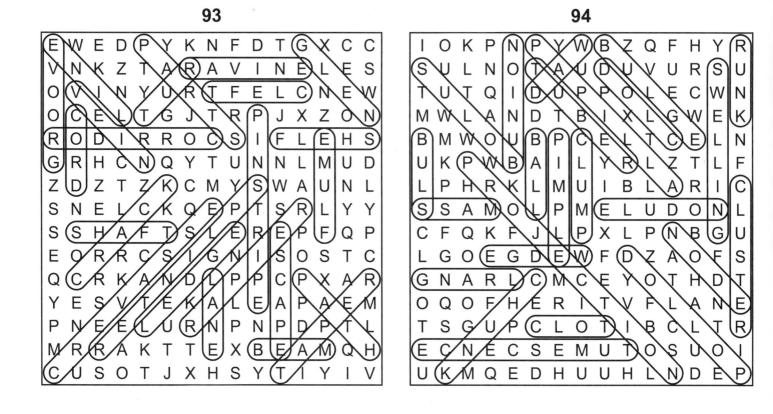

94

95

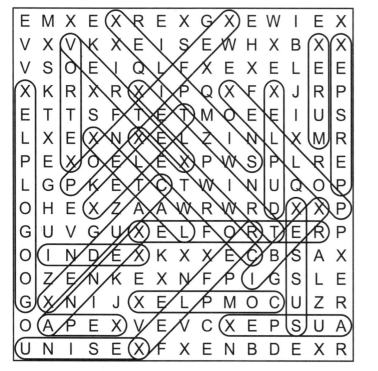

96

Solutions

97

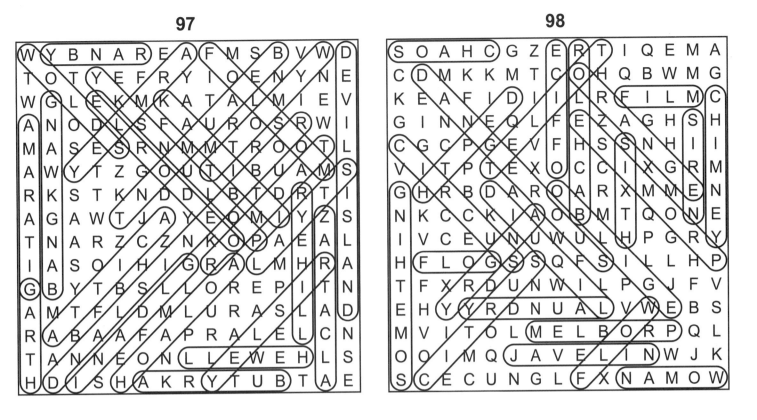

98

99

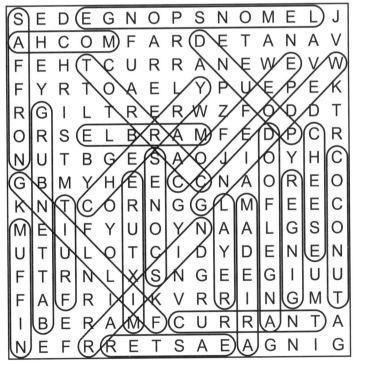

100

Solutions

101

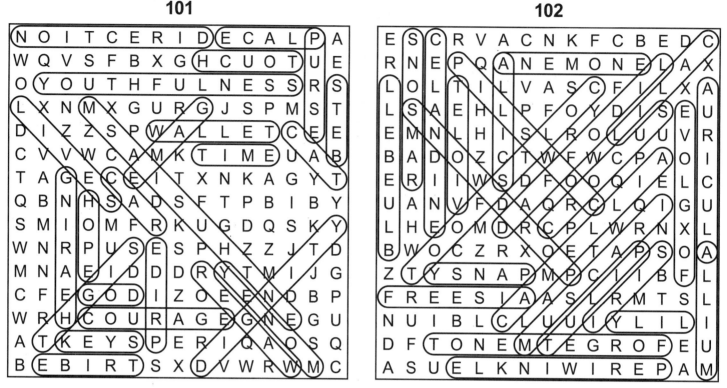

102

103

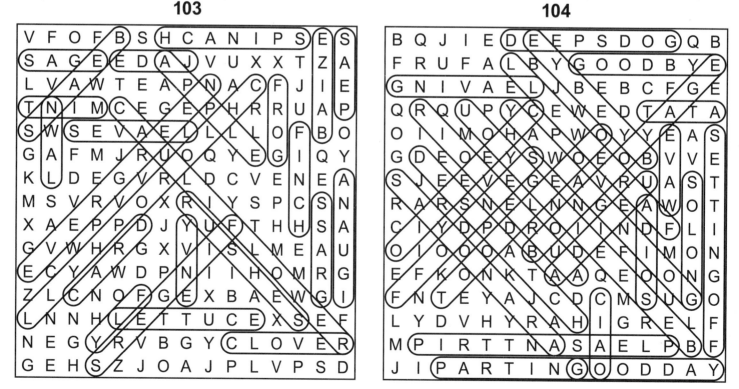

104

Solutions

105

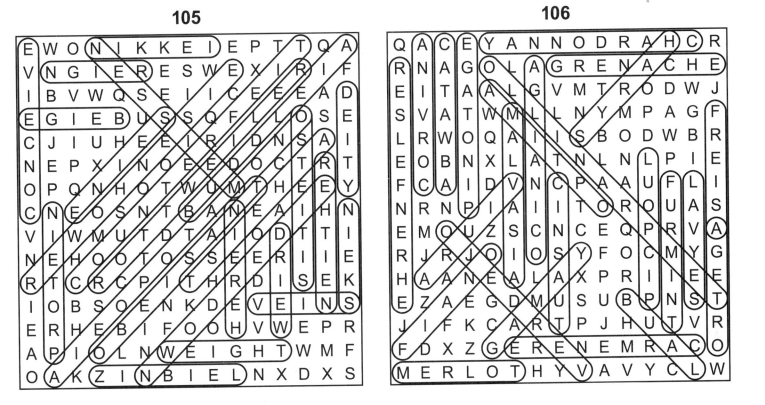

106

107

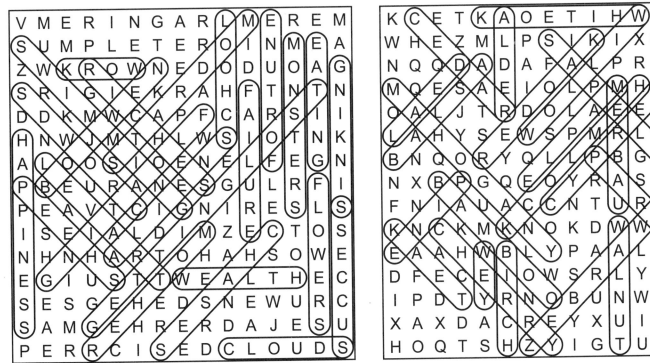

108

Solutions

109

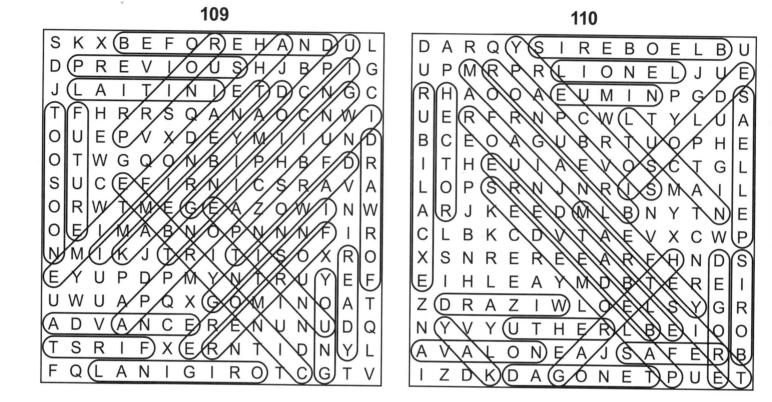

110

111

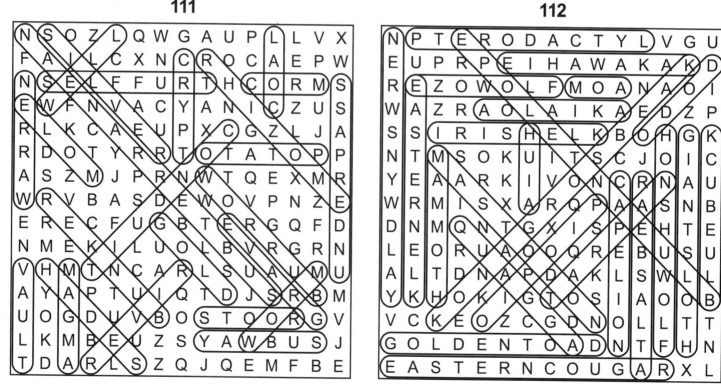

112

Solutions

113

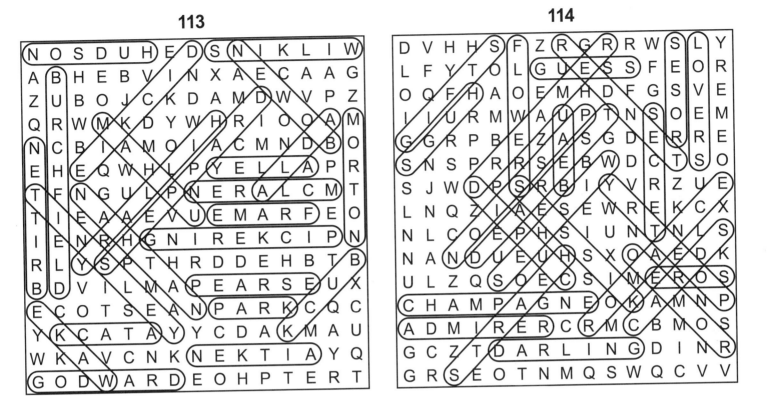

```
N O S D U H E D S N I K L I W
A B H E B V I N X A E C A A G
Z U R B O J C K D A M D W V P Z
Q N R C W M K D Y W H R I O O A M
N E C B I A M O I A C M N D B O
T H E Q W H L P Y E L L A P R
I F N G U L P N E R A L C M T
T I E A A E V U E M A R F E O
I E N R H G N I R E K C I P N
R L Y S P T H R D D E H B T B
B D V I L M A P E A R S E U X
E C O T S E A N P A R K C Q C
Y K C A T A Y Y C D A K M A U
W K A V C N K N E K T I A Y Q
G O D W A R D E O H P T E R T
```

114

```
D V H H S F Z R G R R W S L Y
L F Y T O L G U E S S F E O R
O Q F H A O E M H D F G S V E
I I U R M W A U P T N S O E M
G G R P B E Z A S G D E R R E
S N S P R R S E B W D C T S O
S J W D P S R B I Y V R Z U E
L N Q Z I A E S E W R K C X
N L C O E P H S I U N T N L S
N A N D U E U H S X O A E D K
U L Z Q S O E C S I M E R O S
C H A M P A G N E O K A M N P
A D M I R E R C R M C B M O S
G C Z T D A R L I N G D I N R
G R S E O T N M Q S W Q C V V
```

115

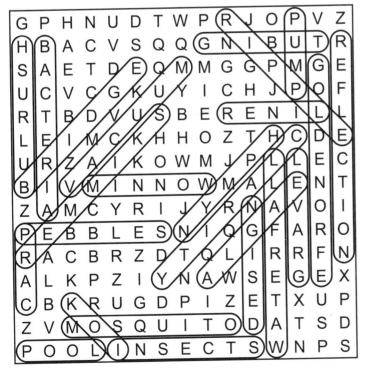

```
G P H N U D T W P R J O P V Z
H B A C V S Q Q G N I B U T R
S A E T D E O M M G G P M G E
U C V C G K U Y I C H J P O F
R T B D V U S B E R E N I L L
L E I M C K H H O Z T H C D E
U R Z A I K O W M J P L L C T
B I V M I N N O W M A L E I
Z A M C Y R I J Y R N A V O N
P E B B L E S N I Q G F A R X
R A C B R Z D T Q L I R G E U
A L K P Z I Y N A W S E T X P
C B K R U G D P I Z E T A S D
Z V M O S Q U I T O D A T S D
P O O L I N S E C T S W N P S
```

116

```
Y P G Z G N I K N I H T E M Y
Z H L W L R H D M S G L T F I
C O N S C I E N C E U B A G A
F Y E P M D E E D S O U O C Q
E L P I R H Y R N C G W O H
E H L R H Y R N C G E X E E K
L S A I U E A H N T C C A Q P
I M A T P B A I S D F L T C Q
N N G M S R N A L M T M H F J
G X E E A E T O W H F E A X S
O T N C V R G Y X O E I R P
Y S T E G S I C R R R J Y T H
E E U L A V U T O G K K M U S
R A H R X S W J A Y W W S P H
U E H B F T H G I N Y R I A F
```

Solutions

117

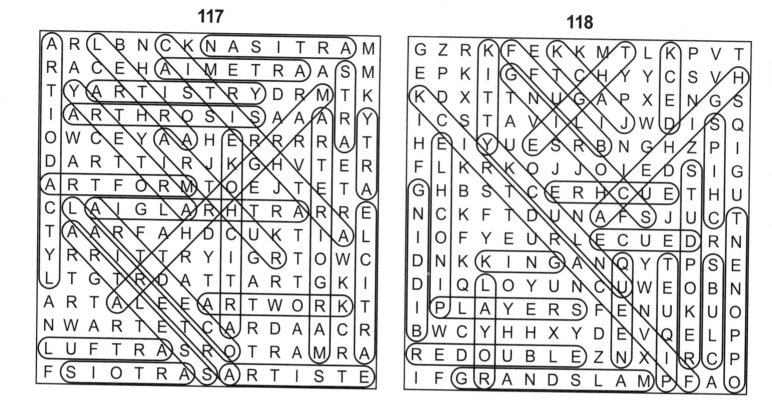

118

119

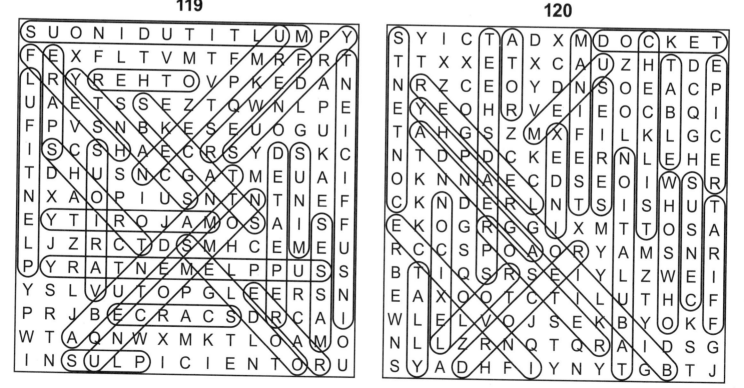

120

Solutions

121

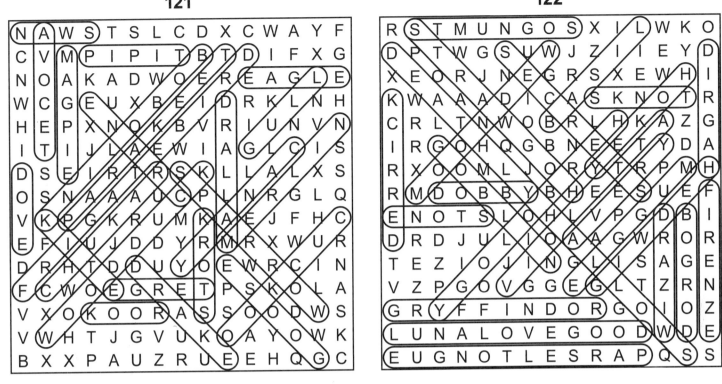

122

123

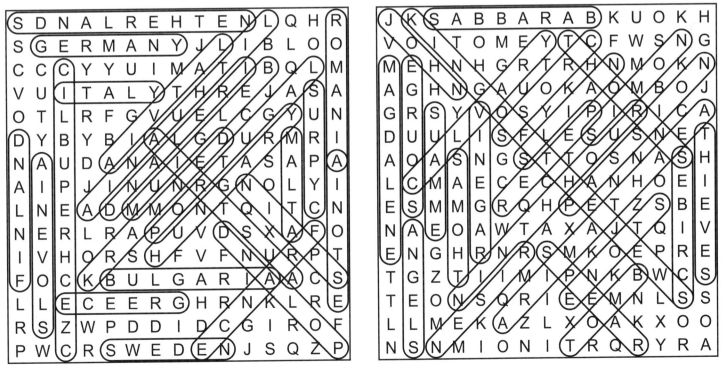

124

Solutions

125

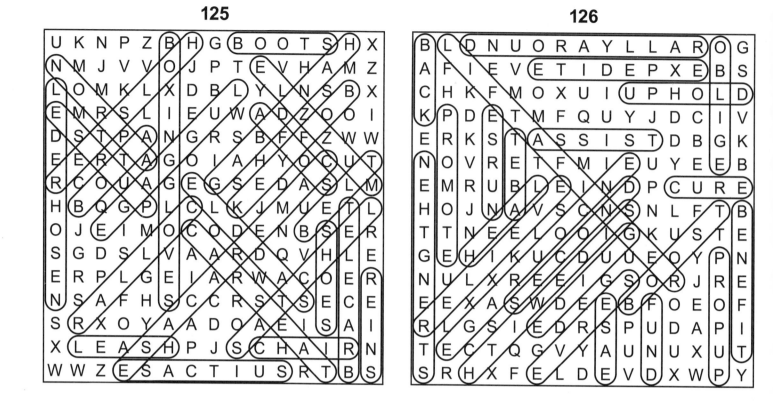

126

127

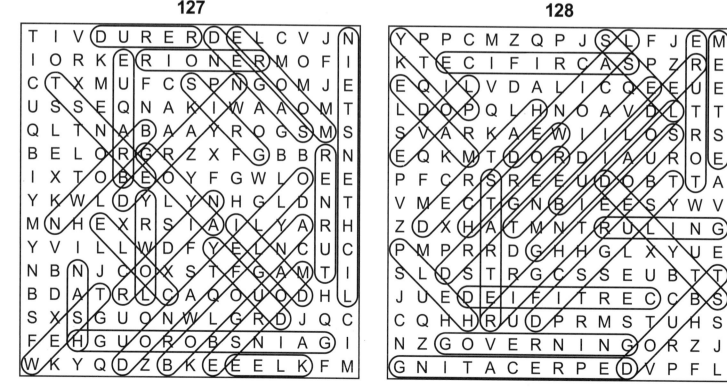

128

Solutions

129

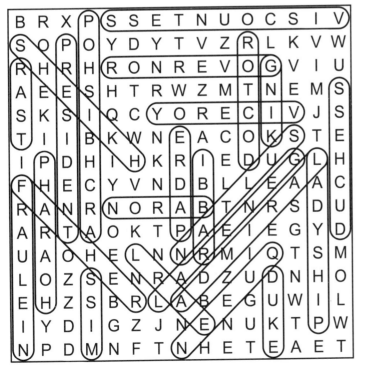

130

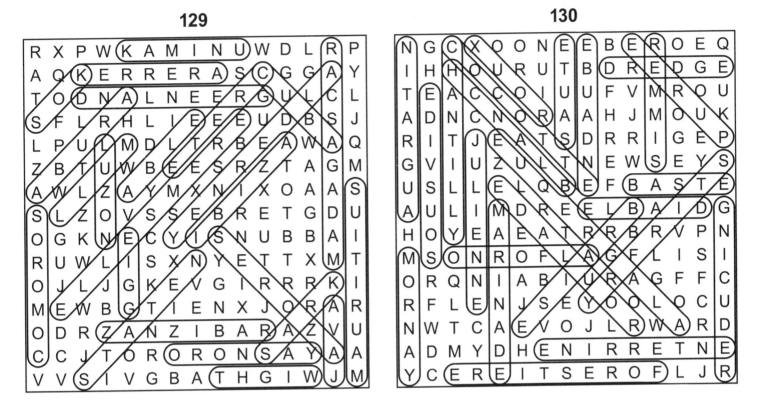

131

132

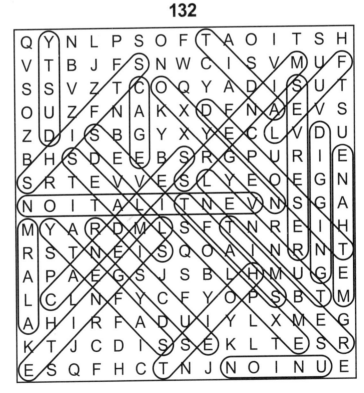

Solutions

133

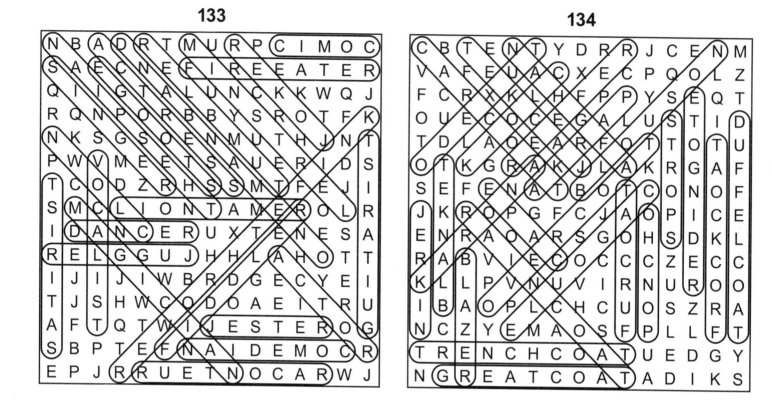

134

135

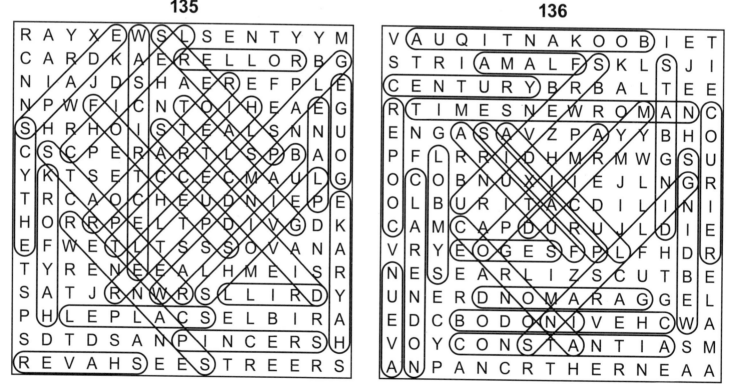

136

Solutions

137

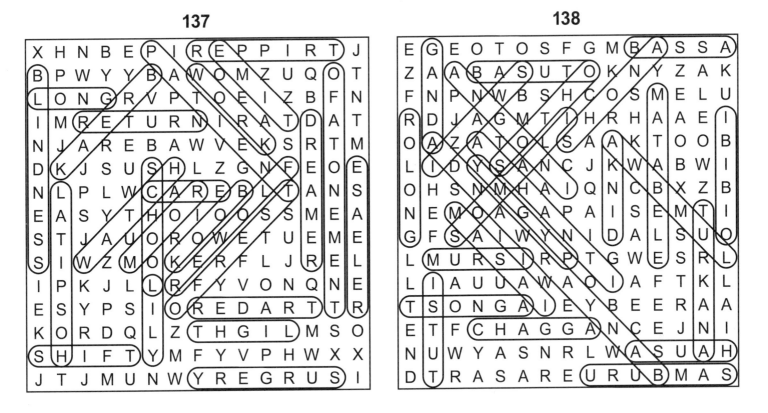

```
X H N B E P I R E P P I R T J
B P W Y Y B A W O M Z U Q O T
L O N G R V P T O E I Z B F N
I M R E T U R N I R A T D F T
N J A R E B A W E K S R A T M
D K J S U S H L Z G N F E O E
N L P L W C A R E B L T A N S
E A S Y T H O I O O S S M E A
S T J A U O R O W E T U E M E
S I W Z M O K E R F L J R E L
I P K J L L R F Y V O N Q N E
E S Y P S I O R E D A R T T R
K O R D Q L Z T H G I L M S O
S H I F T Y M F Y V P H W X X
J T J M U N W Y R E G R U S I
```

138

```
E G E O T O S F G M B A S S A
Z A A B A S U T O K N Y Z A K
F N P N W B S H C O S M E L U
R D J A G M T H R H A A E L U
O A Z A T O L S A A K T O O B
L I D Y S A N C J K W A B W Z I
O S N M H A I Q N C B X Z B I
N E M O A G A P A I S E M T I
G F S A I W Y N I D A L S U O
L M U R S I R P T G W E S R L
I A U U A W A O I A F T K A L
T S O N G A I E Y B E E R A I
N U W Y A S N R L W A S U A H
D T R A S A R E U R U B M A S
```

139

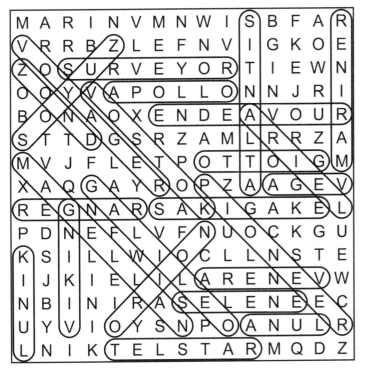

```
M A R I N V M N W I S B F A R
V R R B Z L E F N V I G K O E
Z O S U R V E Y O R T I E W N
O O Y A P O L L O N N J R I I
B O N A O X E N D E A V O U R
S T T D G S R Z A M L R R Z A
M V J F L E T P O T T O I G M
X A Q G A Y R O P Z A A G E V
R E G N A R S A K I G A K E L
P D N E F L V F N U O C K G U
K S I L L W I O C L L N S T E
I J K I E L I L A R E N E V W
N B I N I R A S E L E N E E C
U Y V I O Y S N P O A N U L R
L N I K T E L S T A R M Q D Z
```

140

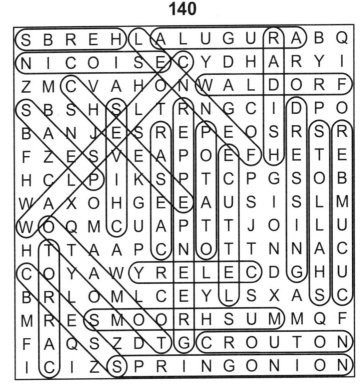

```
S B R E H L A L U G U R A A B Q
N I C O I S E C Y D H A R Y I
Z M C V A H O N W A L D O R F
S B S H S L T R N G C I D P O
B A N J E S R E P E O S R S T
F Z E S V E A P O E F H R O E
H C L P I K S P T C P G S L B
W A X O H G E E A U S I S L M
W O Q M C U A P T T J O I A U
H T T A A P C N O T T N N A C
C O Y A W Y R E L E C D G H S
B R L O M L C E Y L S X A S C
M R E S M O O R H S U M M Q F
F A Q S Z D T G C R O U T O N
I C I Z S P R I N G O N I O N
```

Solutions

141

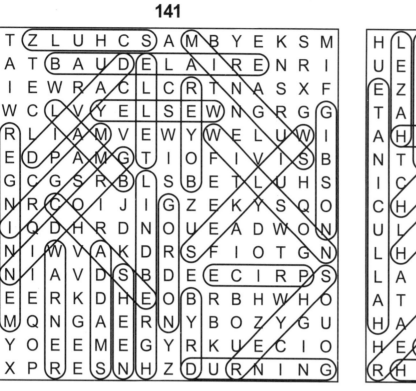

142

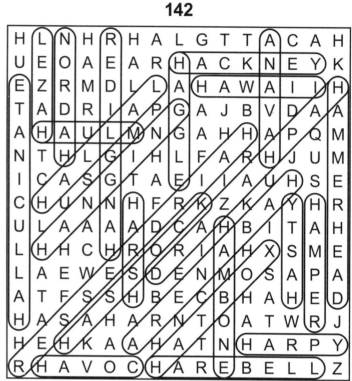

143

144

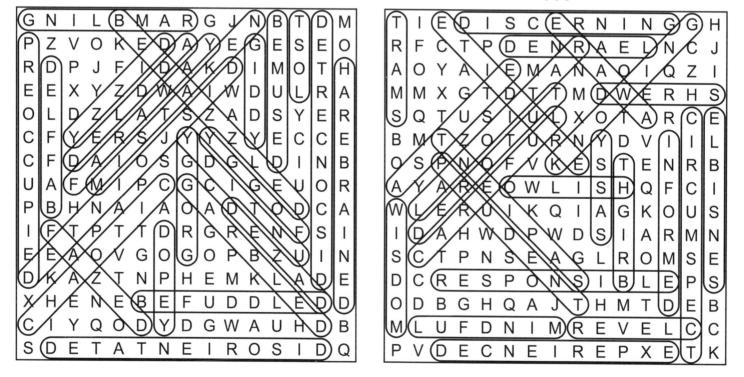

Solutions

145

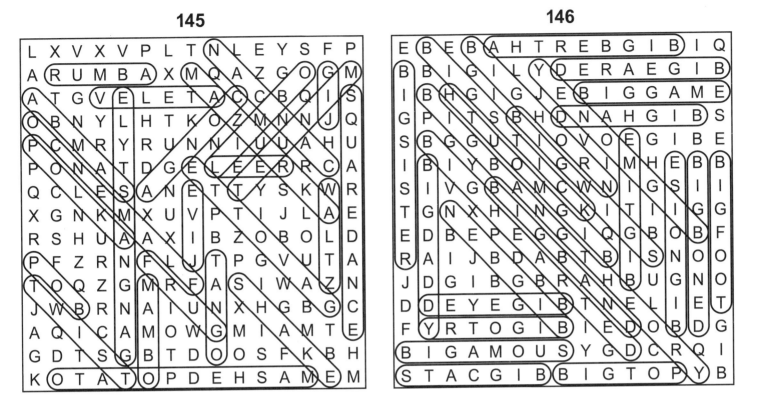

146

147

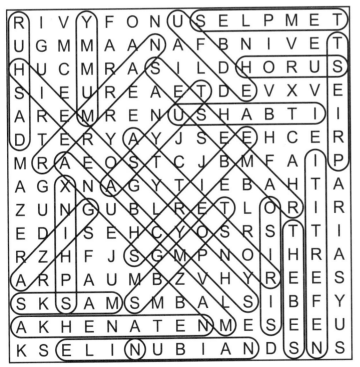

148

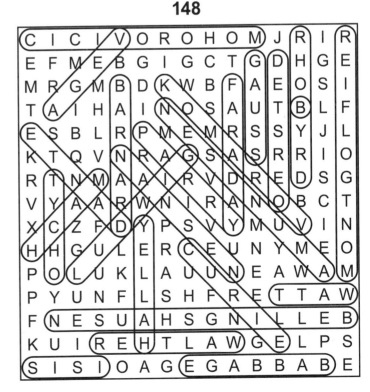

Solutions

149

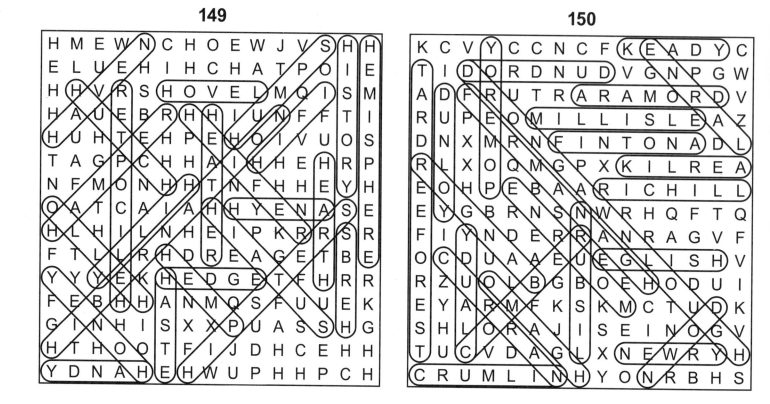

```
H M E W N C H O E W J V S H H
E L U E H I H C H A T P O I E
H H V R S H O V E L M Q I S M
H A U E B R H H I U N F F T I
H U H T E H P E H O I V U O S
T A G P C H H A I H H E H R P
N F M O N H H T N F H H E Y H
O A T C A I A H H Y E N A S E
H L H I L N H E I P K R R S R
F T L L R H D R E A G E T B E
Y Y Y E K H E D G E T F H R R
F E B H H A N M Q S F U U E K
G I N H I S X X P U A S S H G
H T H O O T F I J D H C E H H
Y D N A H E H W U P H H P C H
```

150

```
K C V Y C C N C F K E A D Y C
T I D O R D N U D V G N P G W
A D F R U T R A R A M O R D V
R U P E O M I L L I S L E A Z
D N X M R N F I N T O N A D L
R L X O Q M G P X K I L R E A
E O H P E B A A R I C H I L L
E Y G B R S N W R H Q F T Q
F I Y N D E R R A N R A G V F
O C D U A A E U E G L I S H D
R Z U O L B G B O E H O D U I
E Y A R M F K S K M C T U D K
S H L O R A J I S E I N O G V
T U C V D A G L X N E W R Y H
C R U M L I N H Y O N R B H S
```

151

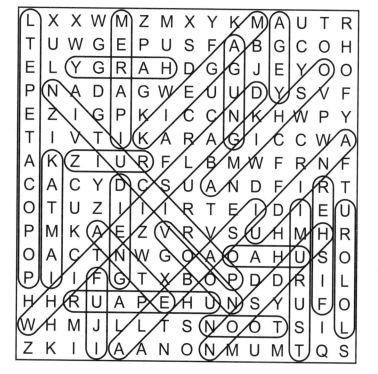

```
L X X W M Z M X Y K M A U T R
T U W G E P U S F A B G C O H
E L Y G R A H D G G J E Y O O
P N A D A G W E U U D Y S V F
E Z I G P K I C C N K H W P Y
T I V T I K A R A G I C C W A
A K Z I U R F L B M W F R N F
C A C Y D C S U A N D F I R T
O T U Z I I I R T E I D I E U
P M K A E Z V R V S U H M H R
O A C T N W G O A O A H U S O
P I I F G T X B O P D R I L O
H H R U A P E H U N S Y U F L
W H M J L L T S N O O T S I L
Z K I I A A N O N M U M T Q S
```

152

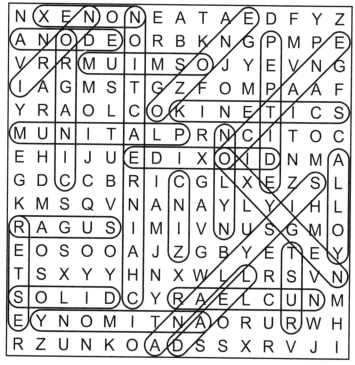

```
N X E N O N E A T A E D F Y Z
A N O D E O R B K N G P M P E
V R R M U I M S O J Y E V N G
I A G M S T G Z F O M P A A F
Y R A O L C O K I N E T I C S
M U N I T A L P R N C I T O C
E H I J U E D I X O I D N M A
G D C C B R I C G L X E Z S L
K M S Q V N A N A Y L Y I H L
R A G U S I M I N U S G M O
E O S O O A I J Z G B Y E T E
T S X Y Y H N X W L L R S V N
S O L I D C Y R A E L C U N
E Y N O M I T N A O R U R W H
R Z U N K O A D S S X R V J I
```

Solutions

153

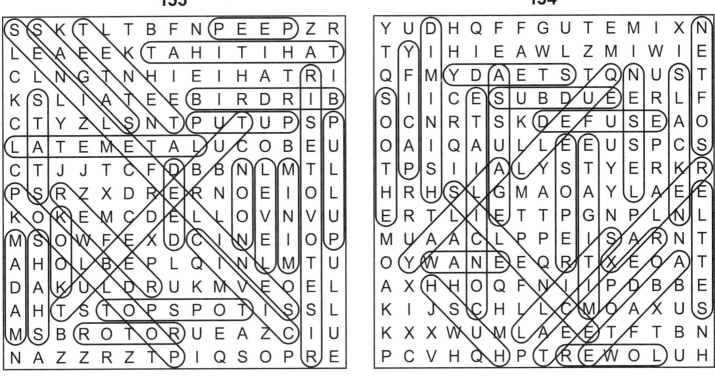

154

155

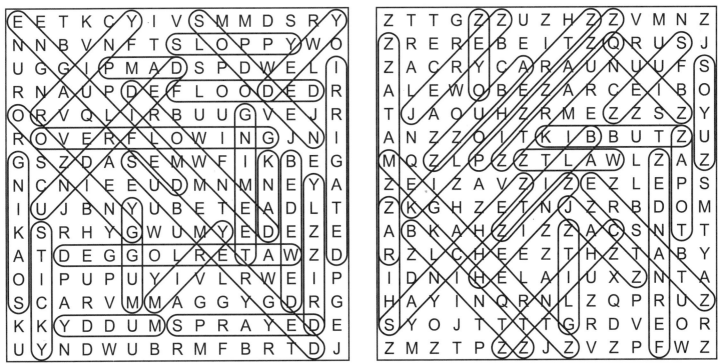

156

Solutions

157

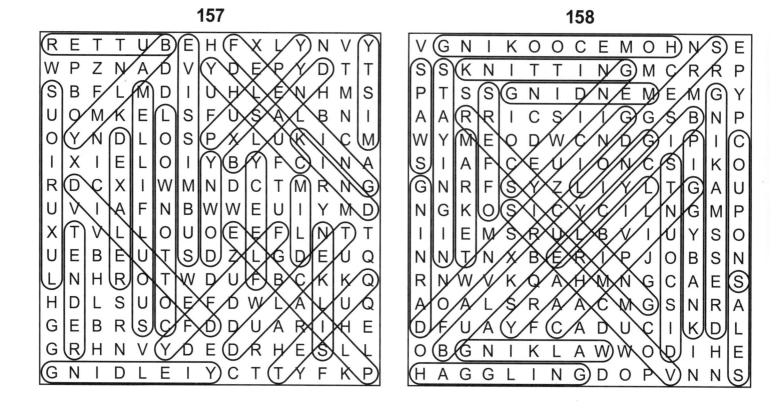

158

159

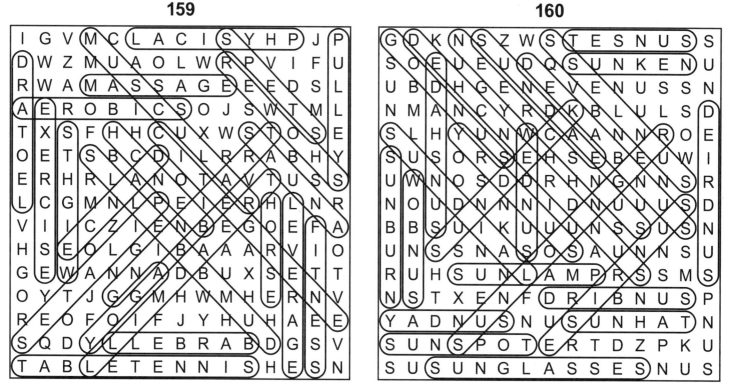

160

Solutions

161

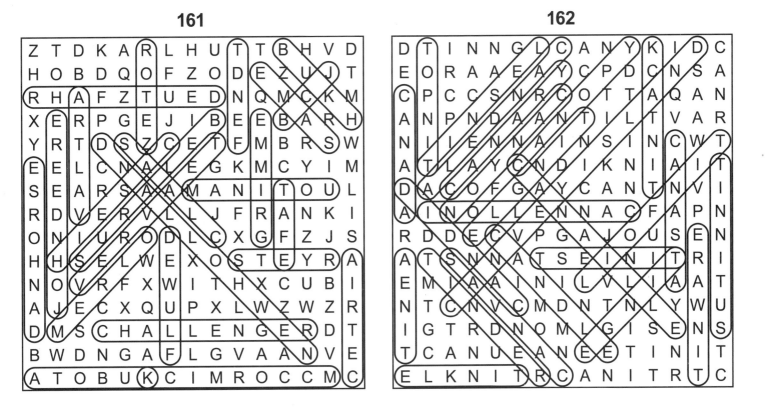

162

163

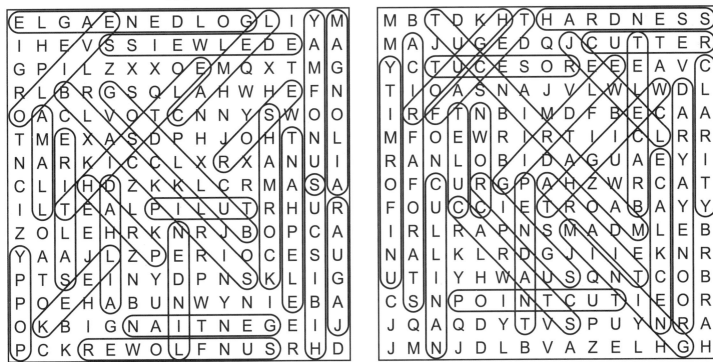

164

Solutions

165

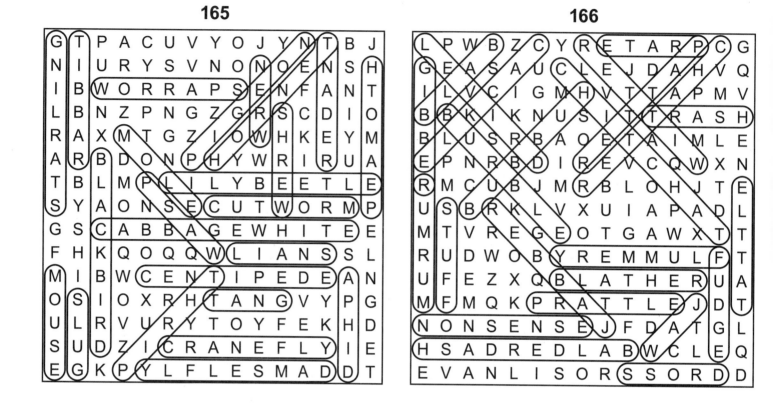

166

167

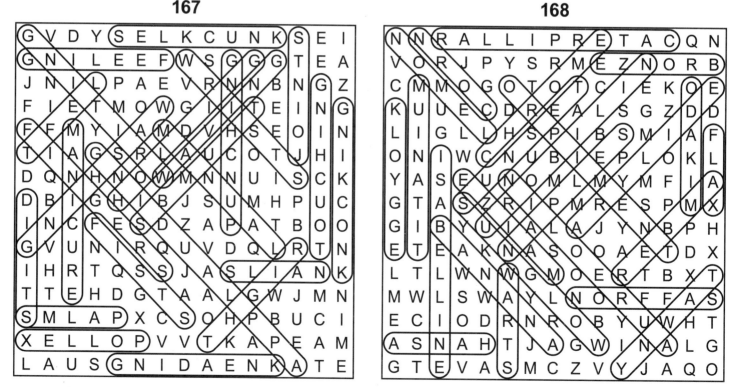

168

Solutions

169

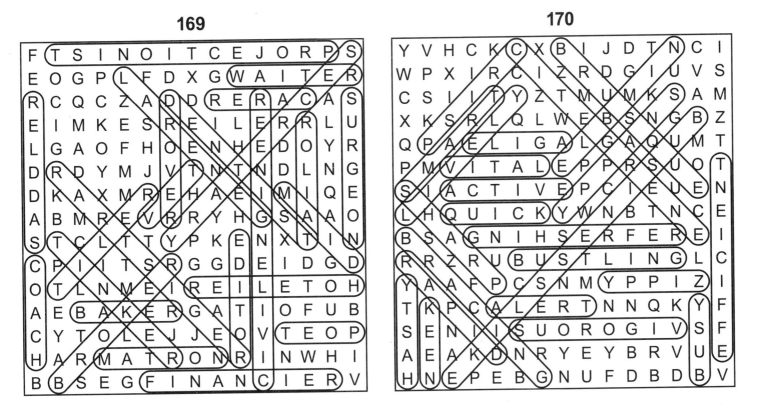

170

171

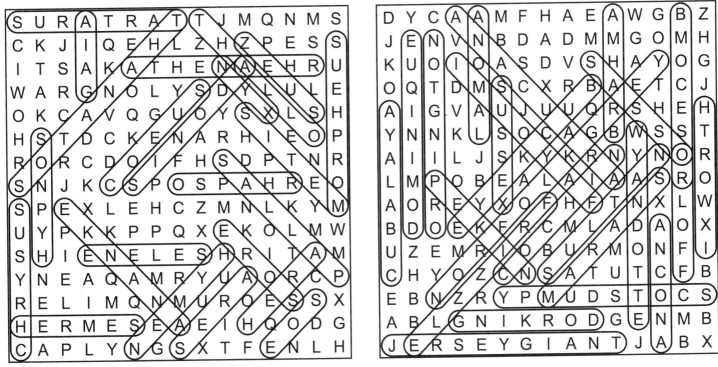

172

Solutions

173

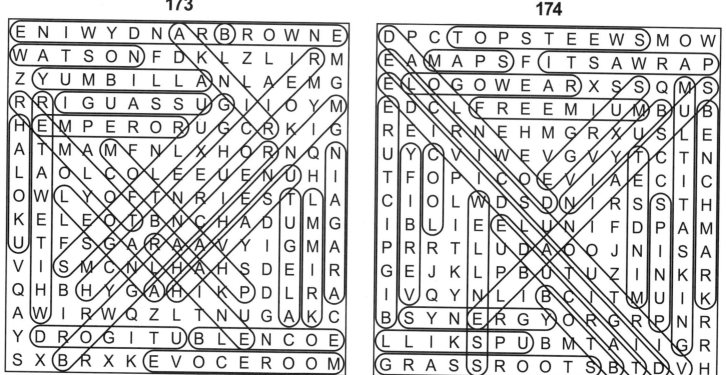

174

175

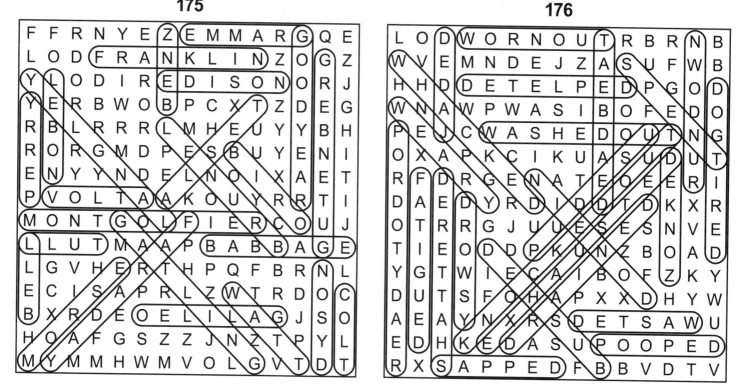

176

Solutions

177

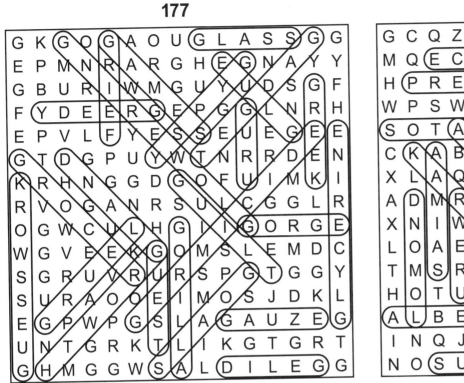

178

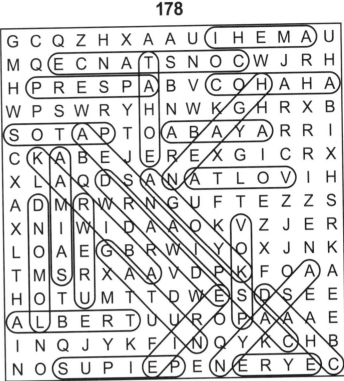

179

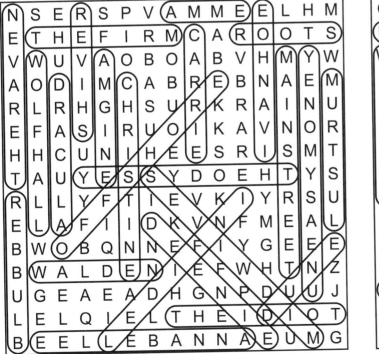

180

Solutions

181

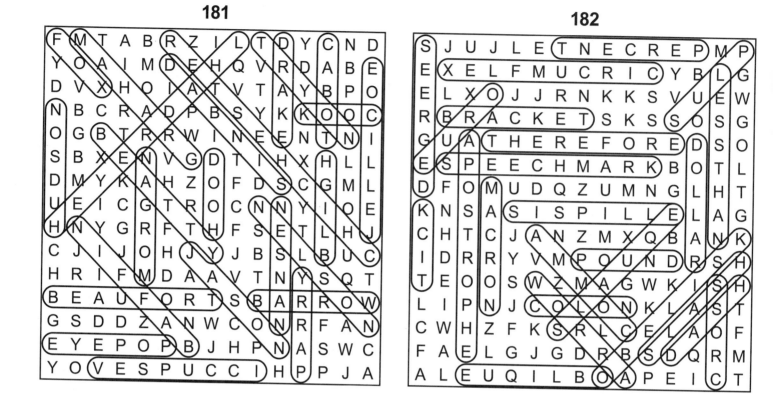

182

183

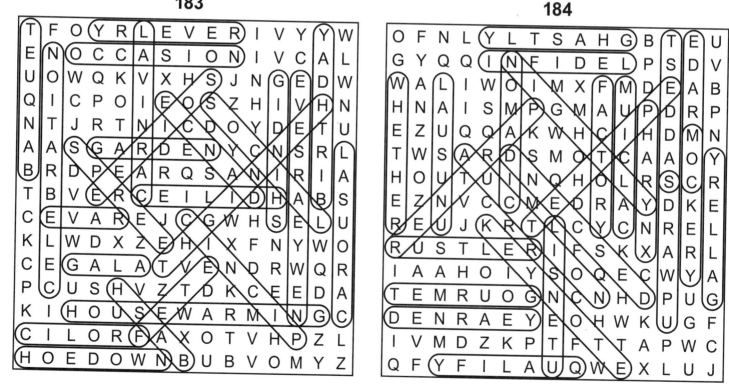

184

Solutions

185

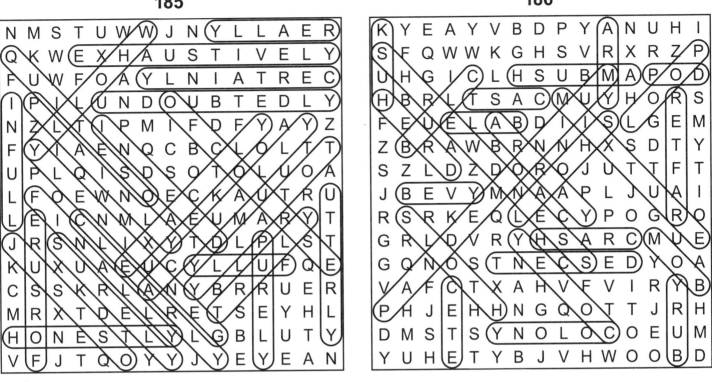

186

187

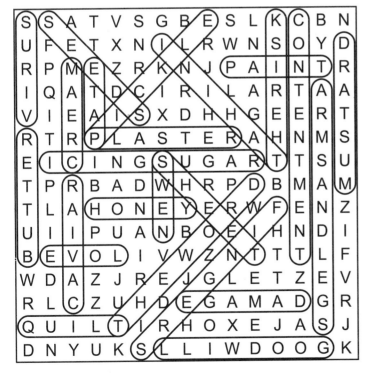

188

Solutions

189

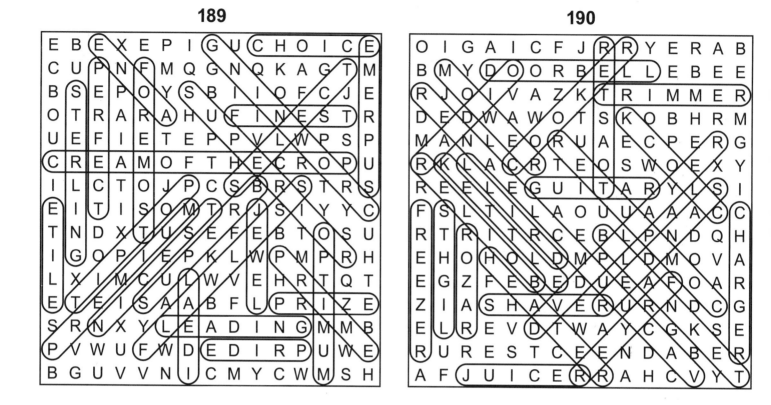

190

191

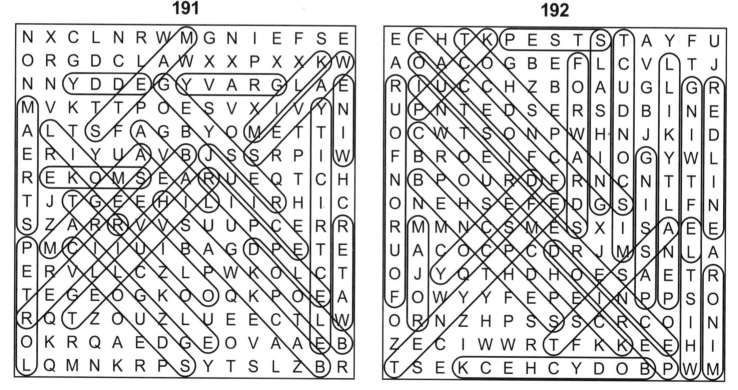

192

Solutions

193

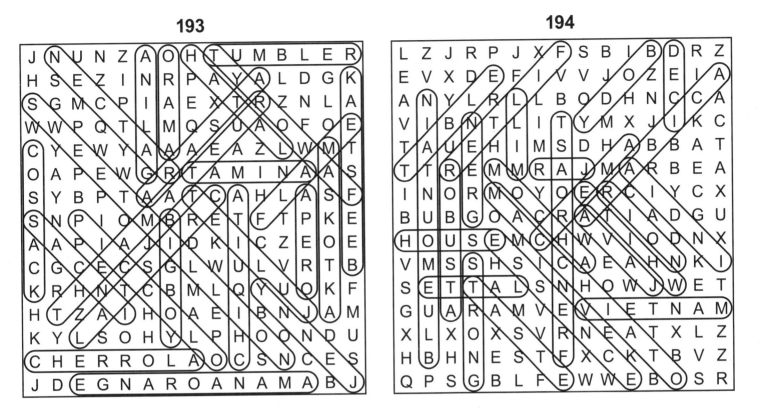

194

195

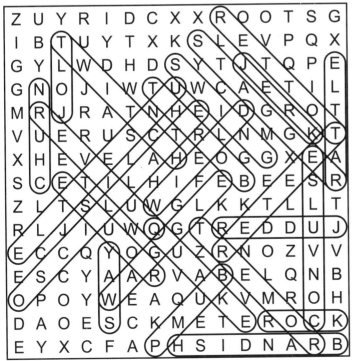

196

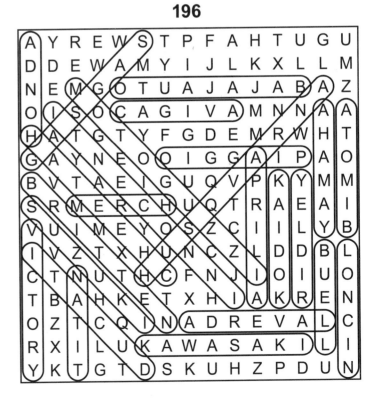

Solutions

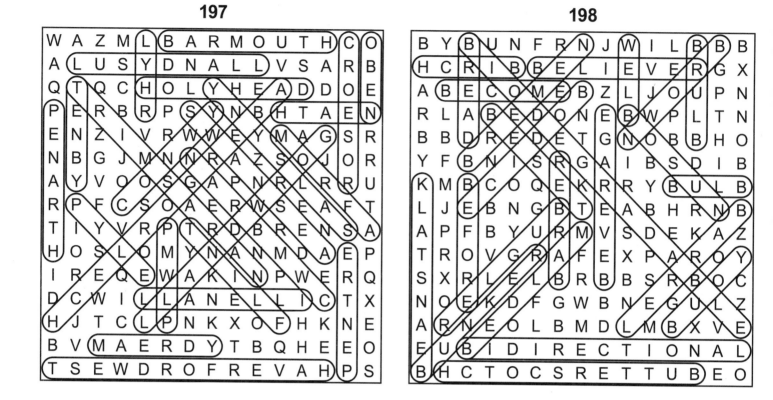

197
198
199
200

Solutions

201

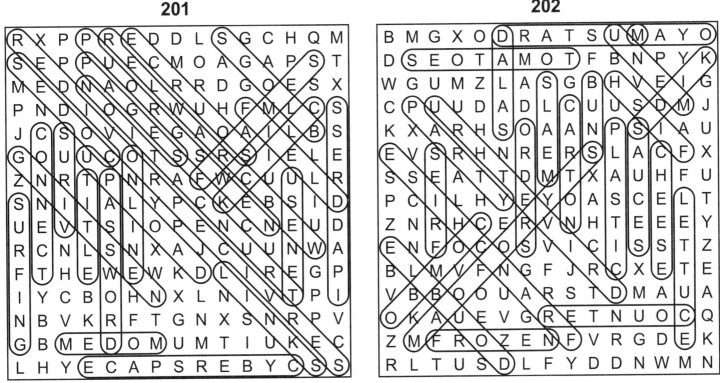

202

203

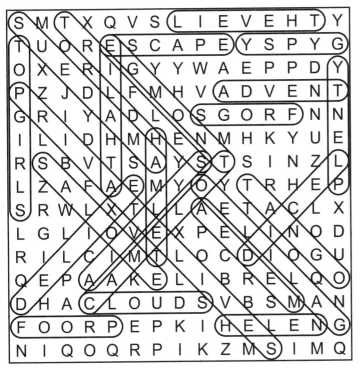

204

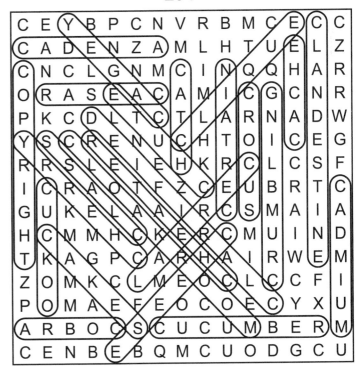

Solutions

205

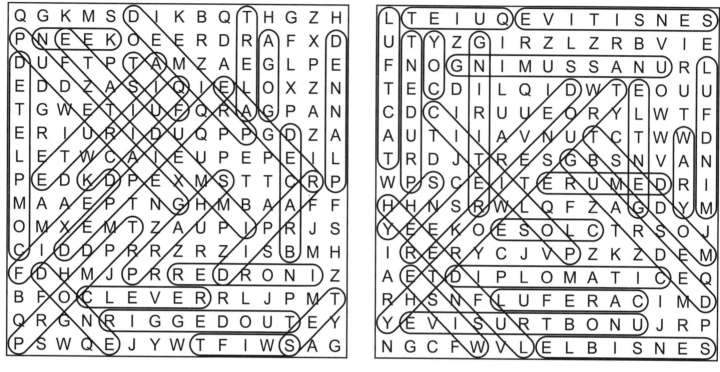

206

207

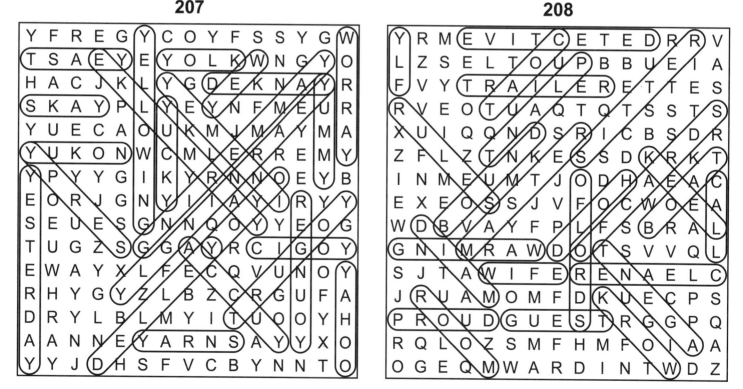

208

Solutions

209

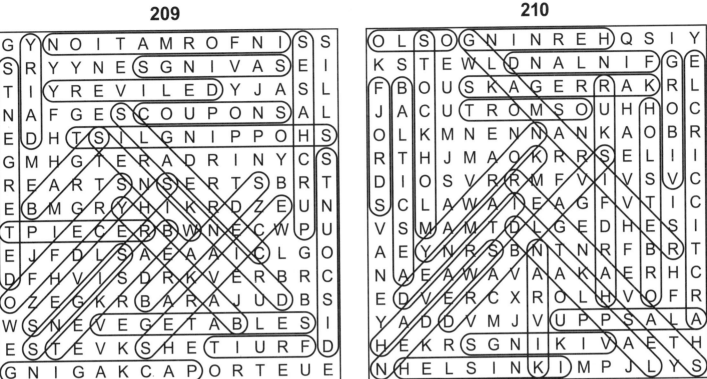

210

211

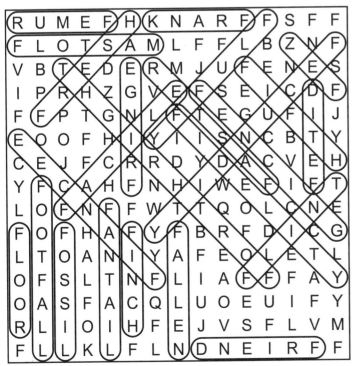

212

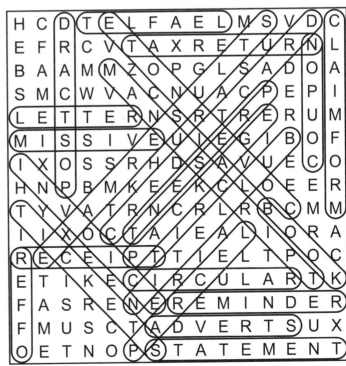

Solutions

213

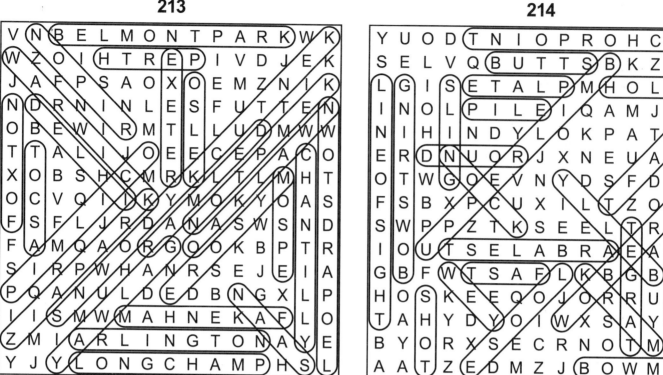

214

215

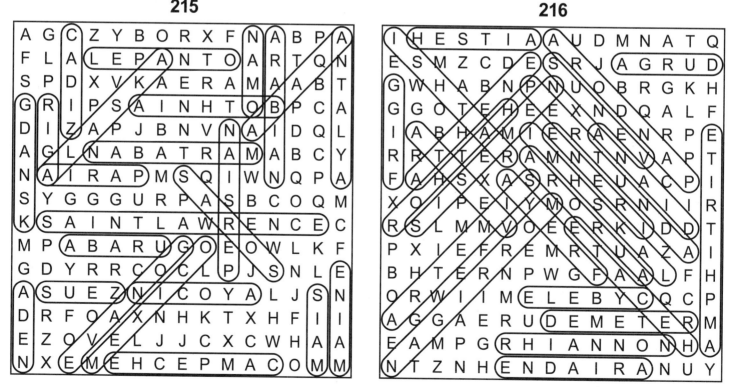

216

Solutions

217

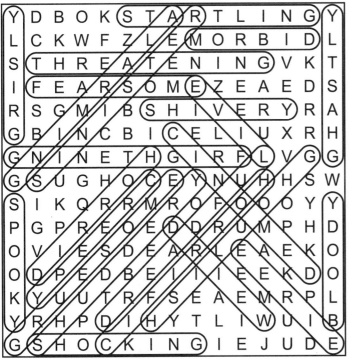

```
N W A L T I N I K S P E E H S
H S A V N A C B N D I X G G A
W I N C E Y E T T E L L B L T
L X T C B A J Y W N N X K Y E
E L X N E E D L E C O R D A E
N E N I L K T O E N X Q G I N
E X S A D M B L D C H I N T Z
L O C U P U O H E M O E I R R
Y E X H C O M K R F D I K I F
R D M K W B B O M S G D C P F
E G R E S H A I I J N I K X
T A P J R F Z F N R K A T H K
M A A D C I I E Q E G R A K
E L S I L O N L O D S R L K Q
D I A I D U E O M A R O M I R
```

218

```
N R E T T A P Q A F D D B M S
W Q U I S C L M A T E R I A L
C L K H T K E C Y P S Y S C I
I C Z O K C O D G O O C H F A
R R Y L N X L O F R L O R R F
B T R A C K R I H T C E W I F
A B L N S W B M N I C A E R E
F A Z O B G O D P E S N R L T
V N E T R P N D E R D P E P T
T Z Z T A Q S I N E L A C E S
M Y S O C I R D T I B V R T E
Y D T C K F U U N T W C E S Y
E F A V E L V E T I I N Z L O
S I G V T H E R M A L F N C O
Z M E Q S X S G Q F L B V O P
```

219

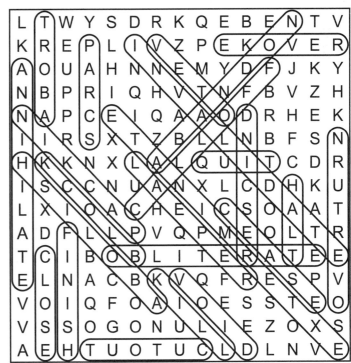

```
Y D B O K S T A R T L I N G Y
L C K W F Z L E M O R B I D L
S T H R E A T E N I N G V K T
I F E A R S O M E Z E A E D S
R S G M I B S H I V E R Y R A
G B I N C B I C E L I U X R H
G N I N E T H G I R F L V G G
G S U G H O C E Y N U H S W
S I K Q R R M R O F O O O Y Y
P G P R E O E D D R U M P H D
O V I E S D E A R L E A E K O
O D P E D B E I I I E E K D L
K Y U U T R F S E A E M R P L
Y R H P D I H Y T L I W U I B
G S H O C K I N G I E J U D E
```

220

```
L T W Y S D R K Q E B E N T V
K R E P L I V Z P E K O V E R
A O U A H N N E M Y D F J K Y
N B P R I Q H V T N F B V Z H
N A P C E I Q A A O D R H E K
I I R S X T Z B L L N B F S N
H K K N X L A L Q U I T C D R
I S C C N U A N X L C D H K U
L X I O A C H E I C S O A A T
A D F L L P V Q P M E O L T R
T C I B O B L I T E R A T E E
E L N A C B K V Q F R E S P V
V O I Q F O A I O E S S T E O
V S S O G O N U L I E Z O X S
A E H T U O T U C L D L N V E
```

Solutions

221

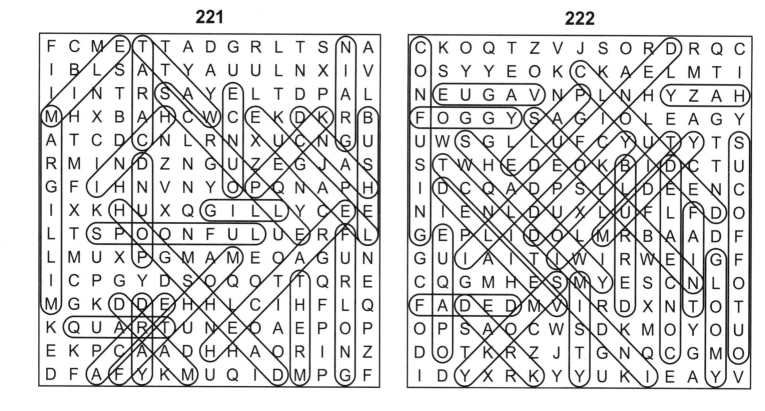

222

223

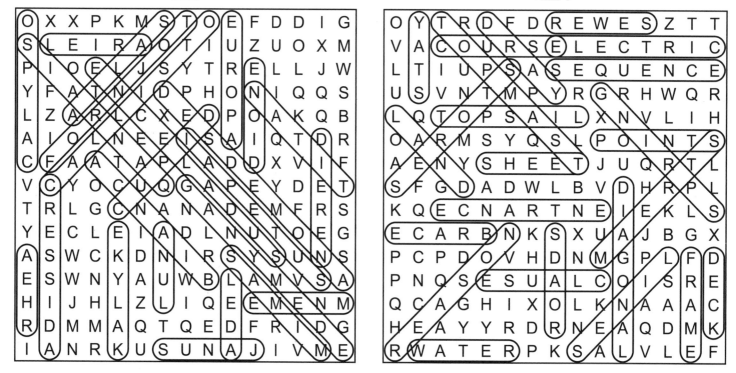

224

Solutions

225

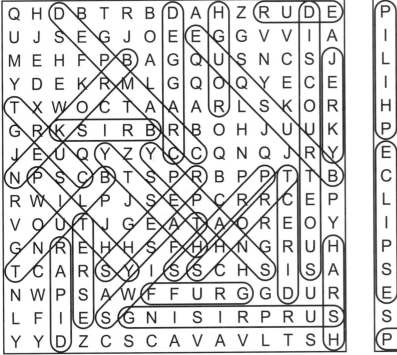

226

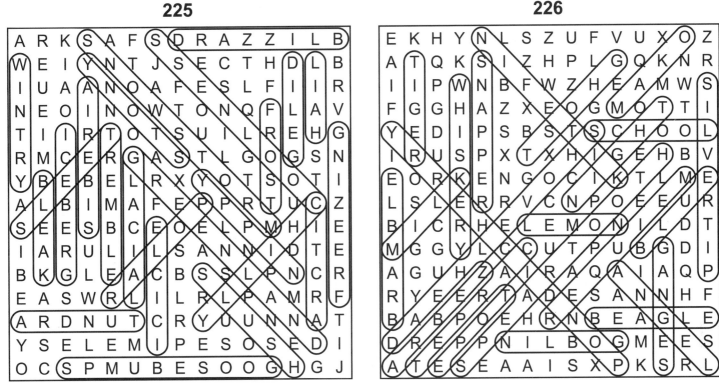

227

228

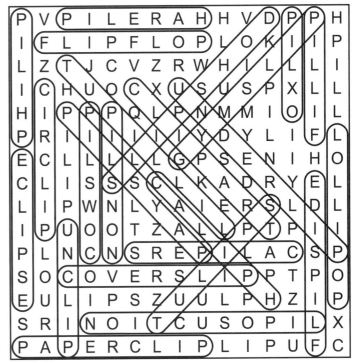

Solutions

229

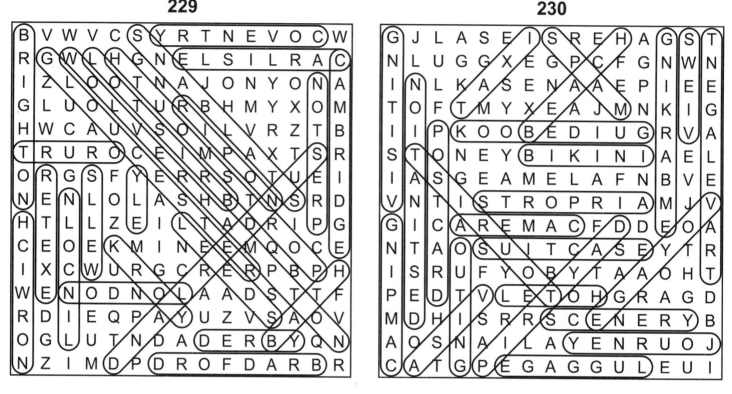

230

231

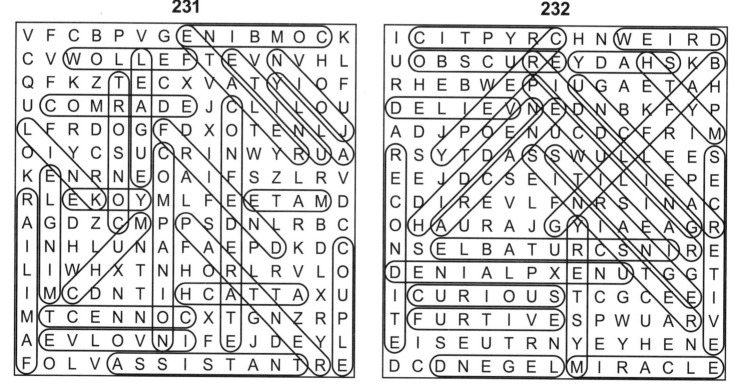

232

Solutions

233

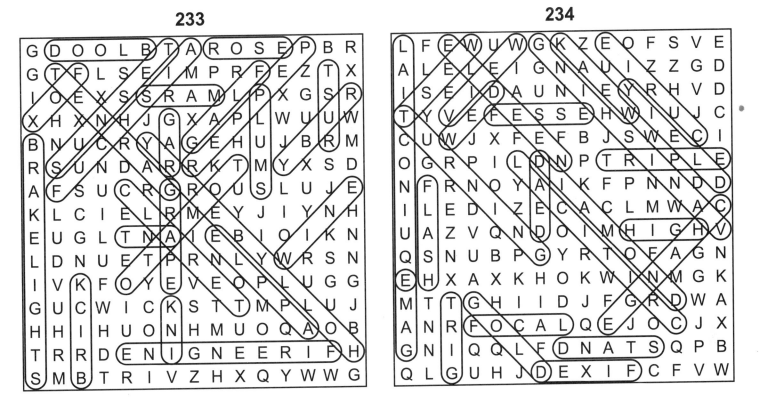

234

235

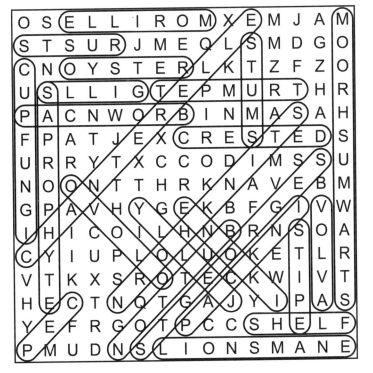

236

Solutions

237

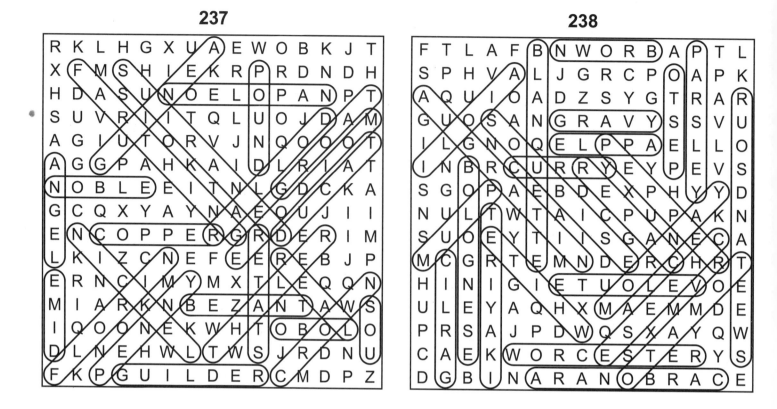

238

239

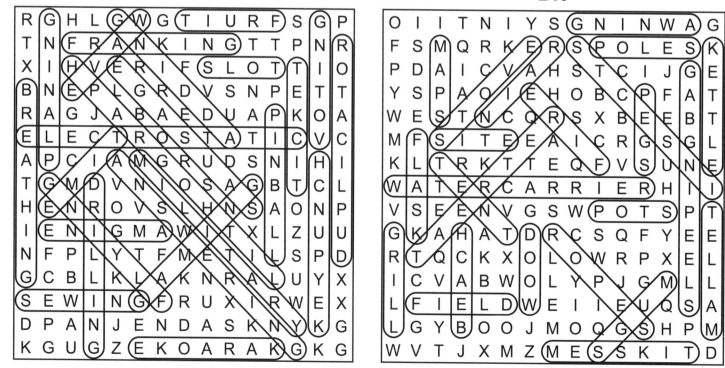

240

Solutions

241

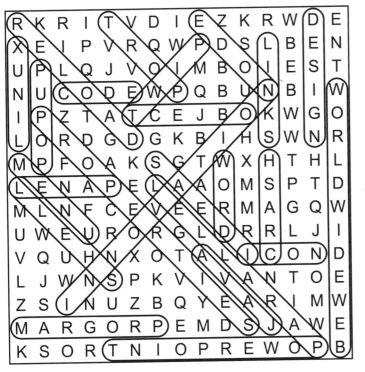

242

243

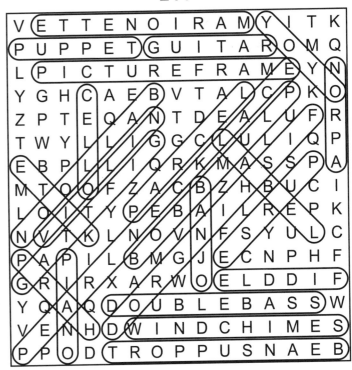

244

Solutions

245

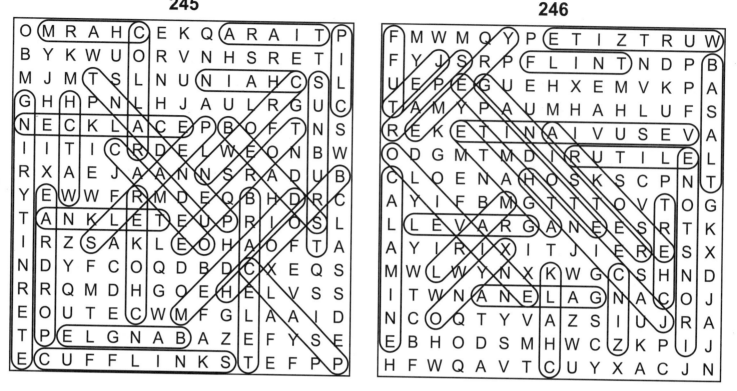

246

247

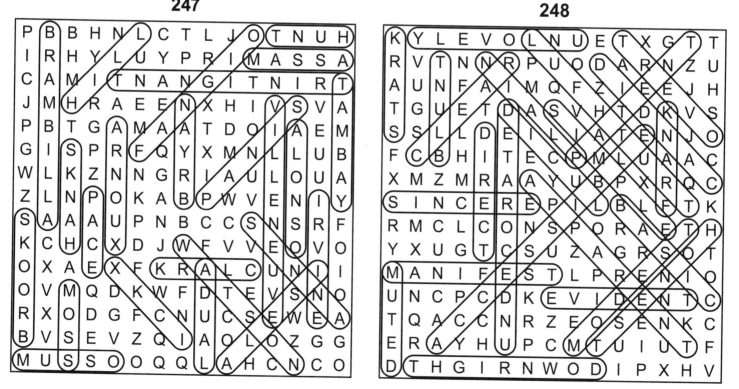

248

Solutions

249

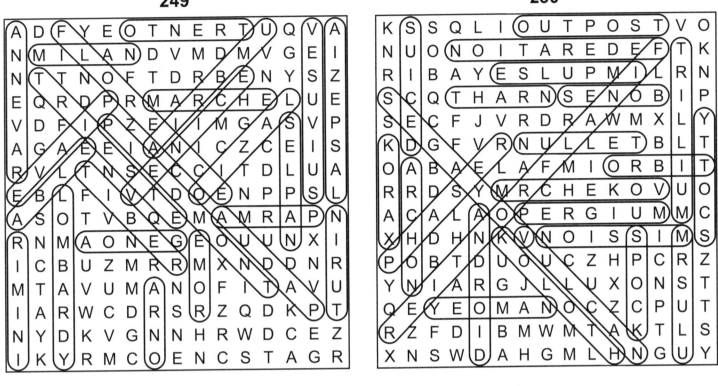

250

251

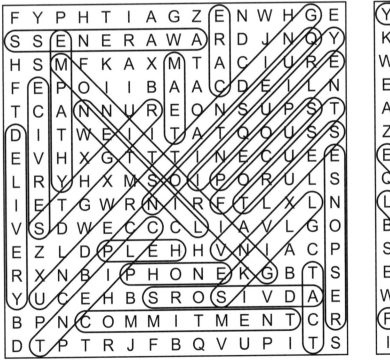

252

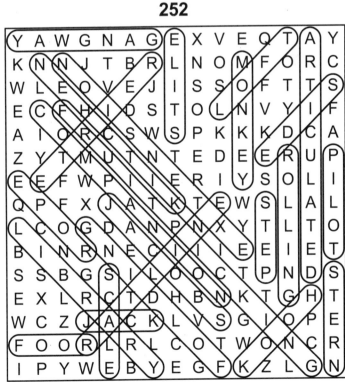

Solutions

253

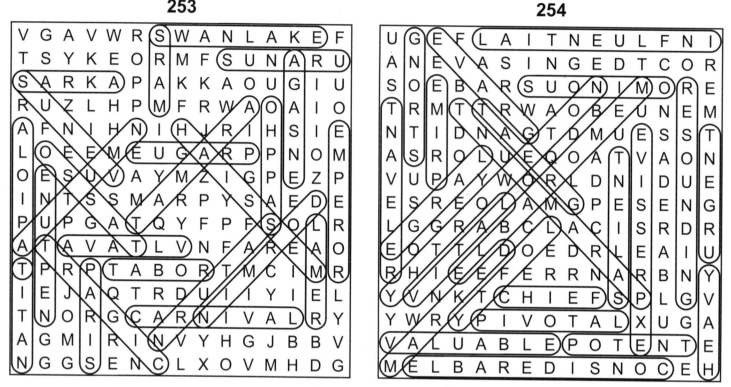

254

255

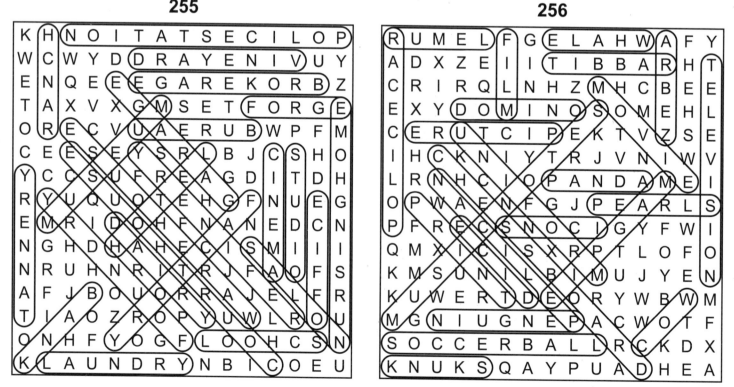

256

Solutions

257

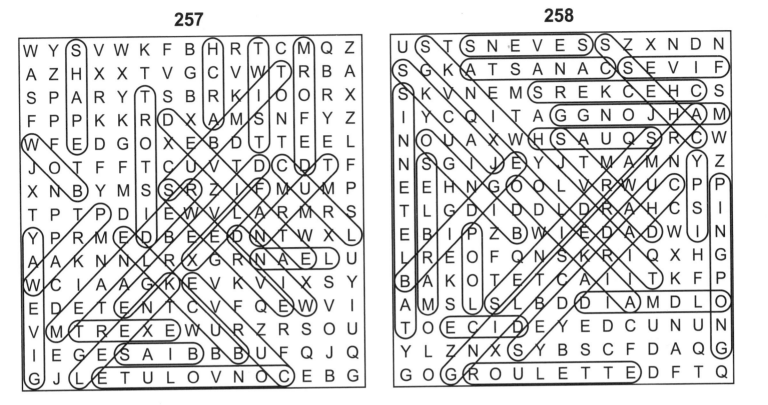

```
W Y S V W K F B H R T C M Q Z
A Z H X X T V G C V W T R B A
S P A R Y T S B R K I O R X
F P E K K R D X A M S N F Y Z
W F E D G O X E B D T T E E L
J O T F F T C U V T D C D T F
X N B Y M S S R Z I F M U M P
T P T P D I E W V L A R M R S
Y P R M E D B E E D N T W X L
A A K N N L R X G R N A E L U
W C I A A G K E V K V I X S Y
E D E T E N T C V F Q E W V I
V M T R E X E W U R Z R S O U
I E G E S A I B B B U F Q J Q
G J L E T U L O V N O C E B G
```

258

```
U S T S N E V E S S Z X N D N
S G K A T S A N A C S E V I F
S K V N E M S R E K C E H C S
I Y C Q I T A G G N O J H A M
N N O U A X W H S A U Q S R C W
N S G I J E Y J T M A M N Y Z
E E H N G O O L V R W U C P
E L G D I D D L D R A H C S I
L B I P Z B W I E D A D W N
B A K O T E T C A I I T K F P
A M S L S L B D D I A M D L O
T O E C I D E Y E D C U N U N
Y L Z N X S Y B S C F D A Q G
G O G R O U L E T T E D F T Q
```

259

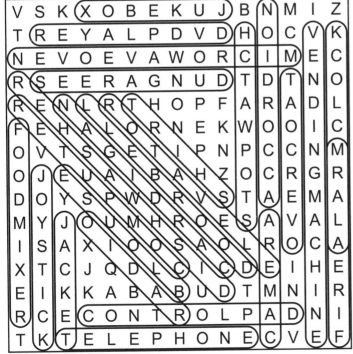

```
V S K X O B E K U J B N M I Z
T R E Y A L P D V D H O C V K
N E V O E V A W O R C I M E C
R S E E R A G N U D T D N O
R E N L R T H O P F A R A I C
F E H A L O R N E K W O O R M
O V T S G E T I P N C C R R A
D J E U A I B A H Z O C E M L
M O Y S P W D R V S T A V A A
I S J O U M H R O E S A R A E
X T A X I O O S A O L R O L R
E I C J Q D L C I C D E I A I
R C K K A B A B U D T M N I R
T K T E L E P H O N E C V E F
```

260

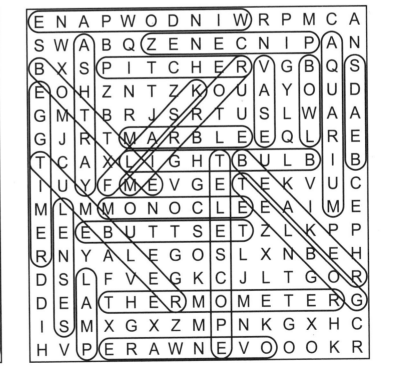

```
E N A P W O D N I W R P M C A
S W A B Q Z E N E C N I P A N
B X S P I T C H E R V G B Q S
E O H Z N T Z K O U A Y O U D A
G M T B R J S R T U S L W A R E
G J R T M A R B L E E Q L R B
T C A X L I G H T B U L B I U C
I U Y F M E V G E T E K V U E
M L M M O N O C L E E A I M E
E E E B U T T S E T Z L K P P
R N Y A L E G O S L X N B E H
D S L F V E G K C J L T G O R
I A T H E R M O M E T E R G
I S M X G X Z M P N K G X H C
H V P E R A W N E V O O O K R
```

Solutions

261

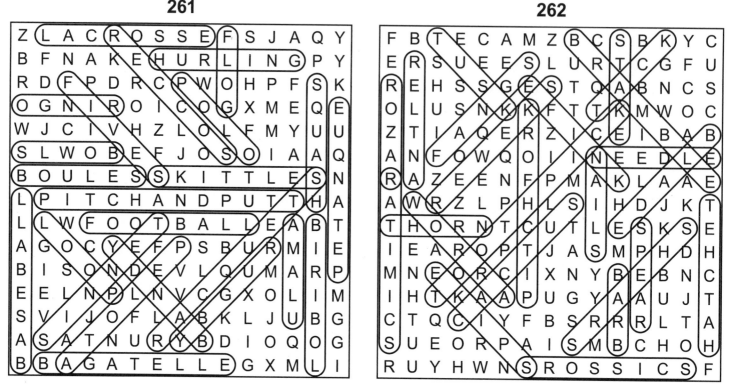

```
Z L A C R O S S E F S J A Q Y
B F N A K E H U R L I N G P Y
R D F P D R C P W O H P F S K
O G N I R O I C O G X M E Q E
W J C I V H Z L O L F M Y U U
S L W O B E F J O S O I A A Q
B O U L E S S K I T T L E S N
L P I T C H A N D P U T T H A
L L W F O O T B A L L E A B T
A G O C Y E F P S B U R M I E
B I S O N D E V L Q U M A R P
E E L N P L N V C G X O L I M
S V I J O F L A B K L J U B G
A S A T N U R Y B D I O Q O G
B B A G A T E L L E G X M L I
```

262

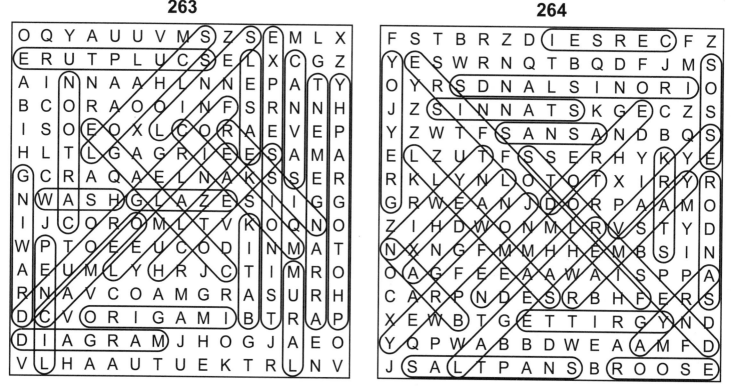

```
F B T E C A M Z B C S B K Y C
E R S U E E S L U R T C G F U
R O E H S S G E S T O A B N C S
O Z L U S N K K F T K M W O C
A N F O W Q O I I N E E D L E
R A Z E E N F P M A K L A A E
A W R Z L P H L S I H D J K T
T H O R N T C U T L E S K S E
I E A R O P T J A S M P H D H
M N E O R C I X N Y B E B N C
I H T K A A P U G Y A A U J T
C T Q C I Y F B S R R R L T A
S U E O R P A I S M B C H O H
R U Y H W N S R O S S I C S F
```

263

```
O Q Y A U U V M S Z S E M L X
E R U T P L U C S E L X C G Z
A I N N A A H L N N E P A T Y
B C O R A O O I N F S R N E H
I S O E O X L C O R A E V P A
H L T L G A G R I E E S A M R
G C R A Q A E L N A K S I G O
N W A S H G L A Z E S I I G T
I J C O R O M L T V K O Q N O
W P T O E E U C O D I N M A T
A E U M L Y H R J C T I M R O
R N A V C O A M G R A S U R H
D C V O R I G A M I B T R A P
D I A G R A M J H O G J A E O
V L H A A U T U E K T R L N V
```

264

```
F S T B R Z D I E S R E C F Z
Y E S W R N Q T B Q D F J M S
O Y R S D N A L S I N O R I O
J Z S I N N A T S K G E C Z S
Y Z W T F S A N S A N D B Q S
E L Z U T F S S E R H Y K Y E
R K L Y N L O T O T X I R Y R
G R W E A N J D O R P A A M O
Z I H D W O N M L R V S T Y D
N X N G F M M H E M B S I N A
O A G F E E A A W A I S P P A
C A R P N D E S R B H F E R S
X E W B T G E T T I R G Y N D
Y Q P W A B B D W E A A M F D
J S A L T P A N S B R O O S E
```

Solutions

265

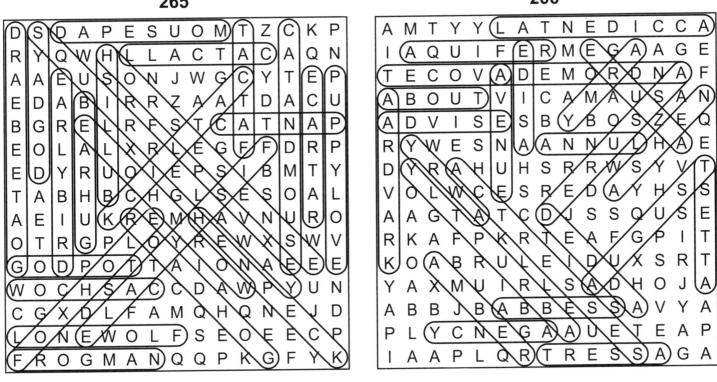

266

267

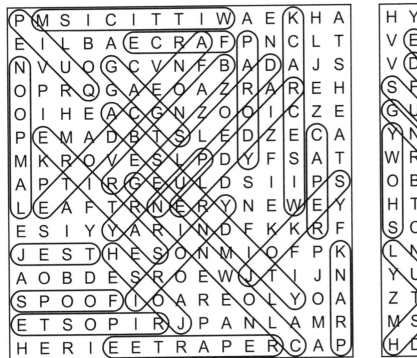

268

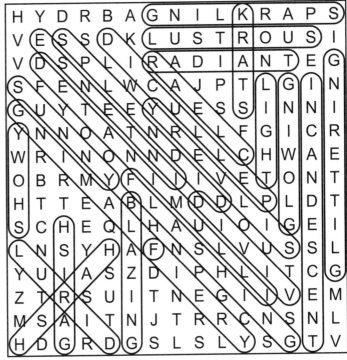

Solutions

269

```
H C Q E T U B I R T T A E R T
U S B U T A N E R H E K F Z C
S N M R I I C F R Y F R I X A
O F A G R F M I F F I E N Z U
Y T K T J E F B R I W T K S L
F I R E B U T T A L X L R W A I
I I S X Q B D F S G H I A C F
T H K H R M P I W M B A K L
A U I J I D Y A K R H U J B O
E T F T R D O R C D T A U W
B A T Q E E Q U B L Q I B T E
J R O T B L S B U T T O N G R
F Y T U E T U B I R T N O C C
O U T R U U N S W I F T L Y S
B S A T U B I L A H I B U T U
```

270

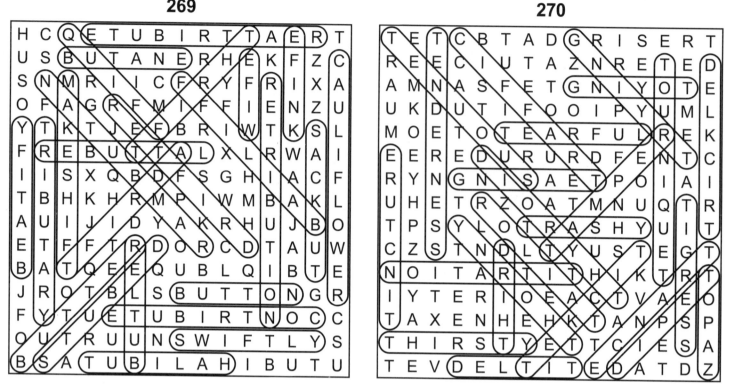

```
T E T C B T A D G R I S E R T
R E E C I U T A Z N R E T E D
A M N A S F E T G N I Y O T E
U K D U T I F O O I P Y U M L
M O E T O T E A R F U L R E K
E E R E D U R U R D F E N T I
R Y N G N I S A E T P O I A R
U H E T R Z O A T M N U Q T T
T P S Y L O T R A S H Y U I T
C Z S T N D L T Y U S T E G T
N O I T A R T I T H I K T R T
I Y T E R I O F A C T V A E O
T A X E N H E H K T A N P S P
T H I R S T Y E T T C I E S A
T E V D E L T I T E D A T D Z
```

271

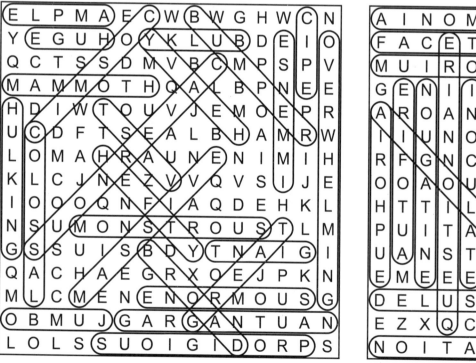

```
E L P M A E C W B W G H W C N
Y E G U H O Y K L U B D E I O
Q C T S S D M V B C M P S P V
M A M M O T H Q A L B P N E E
H D I W T O U V J E M O E P R
U C D F T S E A L B H A M R W
L O M A H R A U N E N I M I H
K L C J N E Z V V Q V S I J E
I O O O Q N F I A Q D E H K L
N S U M O N S T R O U S T L M
G S S U I S B D Y T N A I G I
Q A C H A E G R X O E J P K N
M L C M E N O R M O U S G
O B M U J G A R G A N T U A N
L O L S S U O I G I D O R P S
```

272

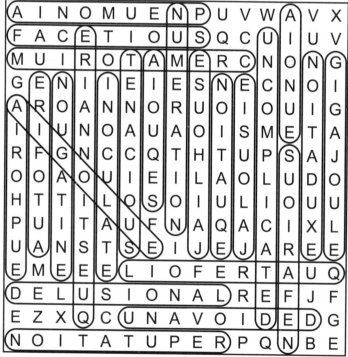

```
A I N O M U E N P U V W A V X
F A C E T I O U S Q C U I U V
M U I R O T A M E R C U N O G
G E N I I E I E S N E C O I I
A R O A N N O R U O I S U N G
I R F G N C C Q A T O M P I A
O O O A U U I E L I U O N J O
H T T I L O S O I T L I A O U
P U I T A U F N A Q A C I L E
U A N S T S E I J E J A R X E
E M E E E L I O F E R T A U Q
D E L U S I O N A L R E F J F
E Z X Q C U N A V O I D E D G
N O I T A T U P E R P Q N B E
```

Solutions

273

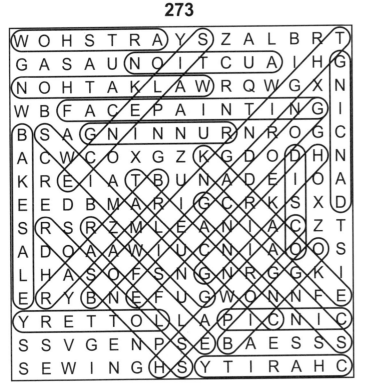

274

275

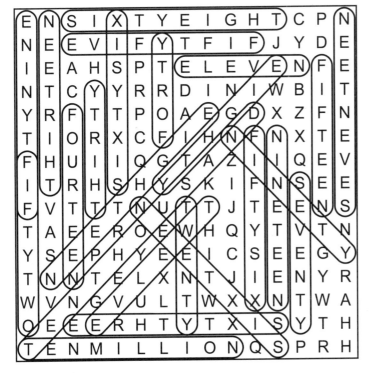

276

Solutions

277

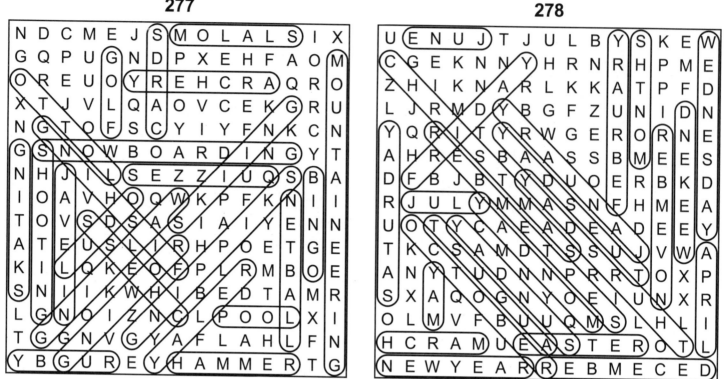

```
N D C M E J S M O L A L S I X
G Q P U G N D P X E H F A O M
O R E U O Y R E H C R A Q R O
X T J V L Q A O V C E K G R U
N G T O F S C Y I Y F N K C N
G S N O W B O A R D I N G Y T
N H J I L S E Z Z I U Q S B A
I O A V H O Q W K P F K N I I
T O V S D S A S I A I Y E N N
A T E U S L I R H P O E T G E
K I L Q K E O F P L R M B O E
S N I I K W H I B E D T A M R
S G N O I Z N C L P O O L X I
L T G G N V G Y A F L A H L F N
Y B G U R E Y H A M M E R T G
```

278

```
U E N U J T J U L B Y S K E W
C G E K N N Y H R N R H P M E
Z H I K N A R L K K A T P F D
L J R M D Y B G F Z U N O I N
Y Q R I T Y R W G E R B M R E
A H R E S B A A S S B E E K S
D F B J B T Y D U O E R B E D
R J U L Y M M A S N F H M E A
U O T Y C A E A D E A D E E Y
T K C S A M D T S S U J V A
A N Y T U D N N P R R T O X P
S X A Q O G N Y O E I U N X R
O L M V F B U U Q M S L H L I
H C R A M U E A S T E R O T L
N E W Y E A R R E B M E C E D
```